中等职业教育“十四五”规划教材
职业教育课程改革规划创新教材

U0807598

会计信息化综合实训

刘亚荣　聂　华　田林玉　主　编

中国石化出版社
HTTP://WWW.SINOPEC-PRESS.COM
中国经济出版社
CHINA ECONOMIC PUBLISHING HOUSE
·北　京·

内容提要

本书旨在为中等职业学校会计专业的学生提供一本全面、系统的会计信息化综合实训教材。通过对本书的学习，读者可以掌握会计信息化的原理和方法，了解会计信息系统的使用和维护，以及会计信息化在企业中的应用。本书提供了丰富的模拟原始凭证，帮助读者提高认知能力和实际操作能力，以培养掌握现代管理手段的复合型、应用型、技能型人才。

本书可作为中等职业学校会计专业的教学用书，也可作为会计职业岗位专业技能培训用书和社会相关人员自学用书。

图书在版编目（CIP）数据

会计信息化综合实训 / 刘亚荣，聂华，田林玉主编
.—北京：中国石化出版社，2024.5
ISBN 978-7-5114-7496-4

Ⅰ.①会… Ⅱ.①刘… ②聂… ③田… Ⅲ.①会计信息-财务管理系统-中等专业学校-教材 Ⅳ.① F232

中国国家版本馆 CIP 数据核字（2024）第 094753 号

中国石化出版社出版发行
地址：北京市东城区安定门外大街 58 号
邮编：100011 电话：（010）57512500
发行部电话：（010）57512575
http：//www.sinopec-press.com
E-mail：press@sinopec.com
宝蕾元仁浩（天津）印刷有限公司印刷
全国各地新华书店经销
*
787 毫米 ×1092 毫米 16 开本 13.25 印张 330 千字
2024 年 5 月第 1 版 2024 年 5 月第 1 次印刷
定价：55.00 元

《会计信息化综合实训》

编委会

主　编： 刘亚荣（河北省平泉市综合职业技术教育中心）

聂　华（重庆市农业机械化学校）

田林玉（河北省廊坊市电子信息工程学校）

副主编： 刘传明（山东省淄博电子工程学校）

高　燕（山东省聊城高级财经职业学校）

王俊巧（河北省冀南技师学院）

苗　菲（河北省文安县综合职业技术教育中心）

李　明（河北省保定市女子职业中专学校）

编　委： 胡名桂（重庆市巫溪县职业教育中心）

朱　玲（重庆市渝北职业教育中心）

梁漫霞（广东省中山市建斌职业技术学校）

蔡腾伦（海南省三亚技师学院）

陈竹娴（湖北省武汉市第二职业教育中心学校）

周文君（广东省佛山市顺德区陈村职业技术学校）

牟　锐（广东省深圳市宝安职业教育集团）

郑晓燕（山东省济南旅游学校）

雷永琴（四川省苍溪县职业高级中学）

前言

《会计信息化综合实训》是针对当前会计行业对信息技术的需求而设计的实践性、综合性教材。在教材编写过程中，注重贴近实际，以工作流程为导向，精心设计各种任务，注重解决实践问题，注重学生能力的培养。

本书模拟的会计主体润泽机械有限公司是一家小型工业企业，适用《小企业会计准则》。本书分为实训目的、实训步骤、实习目标、润泽机械有限公司会计政策和实训资料五部分。实训资料又可分解为建账信息、基础设置信息、固定资产设置信息、工资设置信息、总账期初设置信息和润泽机械有限公司 2023 年 3 月的会计资料六个任务。经济业务以完整的原始凭证形式呈现，让学生感到经济业务是真实发生的，提高学生的学习兴趣。

本书编写过程中力求内容全面、系统、实用。但由于时间和水平所限，书中难免存在不足之处，恳请广大读者批评指正。

目录

一、会计信息化综合实训的目的

会计信息化综合实训是针对中等职业教育会计及相关专业学生设计的一种深入、综合的实践性教学活动。该活动旨在通过模拟真实的商业环境和会计工作场景，结合会计理论知识与现代信息技术，为学生提供一个实际操作的平台，从而达到以下教育目的：

（1）加深对会计基础知识的理解。实训要求学生将会计基础理论应用于实际工作中，如利用会计基础知识进行账务处理、编制财务报表等，这有助于加深学生对会计基础知识的理解，实现知识与技能的有效融合。

（2）熟练掌握会计软件操作。在实训中，学生使用畅捷通 T3 财务软件，从而掌握初始设置、凭证的录入、审核、记账，以及完成期末处理、编制财务报表等一整套操作，这对于提升学生的技能至关重要。

（3）培养分析和解决实际问题的能力。实训中，学生需要主动发现并解决模拟业务过程中出现的问题，这有助于锻炼他们的逻辑思维能力和实际解决问题的能力。

（4）增强职业伦理与法律意识。会计工作要求严格遵守法律法规和职业道德。通过模拟真实场景和真实业务，教师可以引导学生理解和遵守相关法规，培养学生的诚信意识和责任感，为他们将来进入职场打下坚实的道德基础。

（5）提高沟通与团队协作能力。团队合作是现代职场的基本要求。在实训过程中，学生通常可以分组合作，扮演不同的角色，协同完成复杂的会计任务。比如可以将一个学习小组的学生分成账套主管、制单、审核、出纳等角色，各司其职、相互制约、相互合作完成本套习题。这不仅锻炼了学生的沟通能力，还增强了团队精神和集体协作意识。

（6）适应会计行业的发展趋势。随着经济全球化和信息技术的迅猛发展，会计行业正在经历深刻的变革。通过会计信息化实训，学生能够了解并适应这些变化，比如使用新型的会计信息系统、掌握电子发票管理等新技术，从而具备未来市场所需的竞争力。

（7）培育自主学习和自我更新的能力。会计知识和技术不断进步，要求从业者持续学习和更新知识。实训使学生意识到学习是一个持续的过程，激发他们终身学习的热情和能力，准备好迎接未来的挑战。

（8）实现从学生到职业人的顺利过渡。通过在实训中体验真实的工作压力和环境，学生能够更好地理解工作责任，提前适应职场生活，实现从学校到工作岗位的平滑过渡。

综上所述，中等职业会计信息化综合实训不仅仅是对学生专业技能的培养，更是对其综合素质、职业道德、团队精神、创新能力和终身学习能力的全面塑造，这些都是当代会计人才所必需的能力和素质。通过这样的实训，学生可以为即将到来的职业生涯做好充分的准备。

二、会计信息化综合实训的步骤

（一）实训准备阶段

1. 理论知识准备

学生需要掌握基础会计和财务会计基本理论知识，了解最新财税政策。

2. 实操准备

需要具有畅捷通 T3 财务软件。本教材的实训资料齐全，可以在手工操作和信息化上机操作两个方面进行实训，所以也可准备一些纸质的记账凭证和账簿等，两种实训最终结果一致。学生对信息化实训会有更真实的理解。

3. 熟悉实验资料

主要是熟悉模拟公司（润泽机械有限公司）的基本情况，主要包括会计政策、初始资料、模拟业务及有关说明事项等。

（二）模拟实训阶段

（1）建账。根据润泽机械有限公司 2023 年 3 月初的期初建账信息，选择相应的会计制度进行建账。

（2）基础设置。依据润泽机械有限公司部门、职员、客户、供应商、凭证类别、会计科目、结算方式等相关信息，对公司进行基础设置。

（3）固定资产设置。根据润泽机械有限公司 2023 年 3 月初的业务控制参数、资产类别、各部门对应计提折旧科目、增减方式及对应入账科目、固定资产 3 月初资料等相关信息，对公司进行固定资产设置。

（4）工资设置。根据润泽机械有限公司 2023 年 3 月初的工资业务控制参数、人员类别、代发工资银行名称、工资项目、工资公式设置、职工档案和基本工资数据、工资分摊、代扣个人所得税、代扣住房公积金和社保、企业负责的社保和住房公积金分摊等相关信息，进行工资设置。

（5）总账设置。对润泽机械有限公司 2023 年 3 月初的总账进行参数设置，以及期初余额和有关发生额的录入。

（6）按照经济业务发生时间的先后顺序，依次填制记账凭证。

（7）分析润泽机械有限公司 2023 年 3 月相关的账簿信息，采用品种法计算两种产品的生产成本，填制完成相应的成本计算表，并填制记账凭证。

（8）出纳签字。审核签字、记账、结账。

（9）编制会计报表。调用模板，生成润泽机械有限公司 2023 年 3 月的利润表、3 月末的资产负债表。

（三）实训总结阶段

实训总结报告阶段是实训过程中一个重要环节，主要是对实训过程进行总结和反思，以便于吸取经验教训，为今后的学习和工作提供参考。实训过程中一定有一些成功的经验，也有一些失败的教训，将以上所有内容整理成一份实训总结报告上交指导教师。

三、会计信息化综合实训的实习目标

（一）知识目标

（1）熟悉系统管理的基本功能及操作方法。

（2）熟悉基础设置的主要内容及操作方法。

（3）熟悉总账系统的主要功能及基本业务流程、初始设置的主要内容及日常业务处理方法，了解总账系统在信息化系统中的重要作用。

（4）熟悉工资管理系统业务流程、初始化设置的操作方法及工资管理系统日常业务处理、月末处理的操作方法。

（5）熟悉固定资产管理系统的业务流程、初始化设置的操作方法、日常核算、折旧及月末处理的操作方法。

（6）了解报表格式设计，熟悉关键字定义、录入关键字及公式设置的操作方法，掌握报表数据处理、利用报表模板生成常用报表的操作方法。

（二）能力目标

（1）能够熟练完成系统管理的各项操作。

（2）能够熟练完成基础档案的各项操作。

（3）能够熟练完成总账系统的初始设置、总账系统日常业务处理及月末处理。

（4）能够熟练完成工资管理系统初始化设置、工资管理日常业务处理及月末处理。

（5）能够熟练完成固定资产管理系统初始化设置的操作、日常业务处理及月末处理。

（6）能够熟练利用报表模板生成资产负债表和利润表。

（三）思政目标

（1）深化会计职业道德教育。在会计信息化实训中，可以培养爱国敬业的意识，增强“四个自信”，培育和践行社会主义核心价值观；培养遵纪守法、廉洁自律、依法纳税的意识，增强社会责任感，树立严谨细致、精益求精的工匠精神。强调会计职业道德的重要性，让学生了解会计职业道德规范，培养学生的职业操守和道德责任感，通过认真完成所有会计业务，培养“诚信为本，操守为重，坚持准则，不做假账”的良好会计品格。

（2）培养创新精神和实践能力。鼓励学生在实训中积极思考，勇于创新，提高解决实际问题的能力，培养学生的创新精神和实践能力。

（3）树立质量意识、管理观念。提高信息素养、数据思维和会计职业判断能力，养成积极思考、认真工作、勇于探索的习惯和职业生涯规划能力，实现培养品德高尚、技能精湛的高素质技能人才目标。

（4）加强团队协作和沟通能力。可以通过团队合作的形式完成实训任务，培养学生的团队协作精神、沟通能力、自我管理能力，强化责任意识。

（5）强化信息安全意识。在实训中，教育学生重视信息安全，遵守信息安全规范，提高学生的信息安全意识和自我保护能力。

四、润泽机械有限公司会计政策

（一）概况

润泽机械有限公司是一家从事轴承生产的企业，主要产品为调心球轴承 H304、调心球轴承 H305，拥有完整、科学的质量管理体系，该公司执行《小企业会计准则》。

公司地址：平市迎宾路 120 号

法人代表：侯恩熙

邮政编码：067500

联系电话：6027648

电子邮箱：syjxyxgs@126.com

税务登记号（社会信用代码）：911308238552126456

开户银行：中国银行平市迎宾路支行

银行账号：45645612345

（二）润泽机械有限公司采用的会计政策和核算方法

1. 税费核算方法

润泽机械有限公司经国家税务部门认定为一般纳税人企业，货物的增值税税率为 13%，运费增值税抵扣率为 9%。城市维护建设税税率 7%，教育费附加费率 3%，本期发生的增值税进项税均设定在本期合法认证并能够抵扣，本期发生的增值税进项税均在本期抵扣，本期销售形成的销项税与收入均在本期确认。增值税采用当月计提、下月初缴纳的方式。

企业所得税核算采用应付税款法，企业所得税税率 25%，企业所得税根据本月利润按月预提，季末按季预缴，每季度终了后 15 日内缴纳，全年汇算清缴，年末按全年利润总额和适用所得税税率计算调整，完成所得税的汇算后多退少补。

2. 总账业务核算方法

（1）采用通用记账凭证类别。

（2）银行存款的发生额均为蓝字，不得出现红字发生额。

（3）按单据逐张生成凭证，无须合并制单

（4）企业对部门的零星费用采用一次报销制。

3. 固定资产业务核算方法

固定资产折旧采用年限平均法（一），按个别折旧率计提折旧；同期增加多个固定资产时，不采用合并制单。

4. 购销存业务核算方法

本公司只设一个基本生产车间，主要产品为调心球轴承 H304、调心球轴承 H305，生产原料有碳铬钢、不锈钢板、润滑油等。

（1）存货按实际成本计价，发出材料成本采用移动加权平均法计算，成品库发出存货采用先进先出法核算，周转材料包括包装物和低值易耗品，采用一次摊销法，均在领用时一次摊入期间损益。

（2）当期存货出库如需转出进项税，按当期出库成本计算进项税额转出。

（3）企业的增值税纳税义务均设定为开票当期，销项税在开票当日确认。

（4）日常业务中如果需要新增客户或供应商，编码采用连续编号方式。

（5）产品的包装物随同产品出售，不单独计价。

（6）月末两种产品全部完工验收入库，采用品种法计算产品生产成本。

（7）附有现金折扣条件的应收款业务采用净价法核算。核算折扣时要考虑增值税。

5. 工资业务核算方法

企业按有关规定扣除职工社会保险费和住房公积金，上缴个人所得税。按照国家规定，由单位代扣代缴个人所得税。工资薪金所得个人所得税的费用扣除标准是 5 000 元 / 月。

（1）由单位承担并缴纳的养老保险、医疗保险、失业保险、工伤保险、住房公积金、工会经费、职工教育经费，本公司规定计提金额按职工本月“应付工资”计算计提。

（2）由职工本人承担的养老保险、医疗保险、失业保险、住房公积金由企业代扣代缴，计算和计提的依据同上。计提的具体比例如下表所示：

	养老保险	医疗保险	失业保险	工伤保险	住房公积金	工会经费	职工教育经费
企业负担	16%	6%	0.8%	2%	12%	2%	8%
个人负担	8%	2%	0.2%	—	12%	—	—

6. 损益类账户的结转

每月末将各损益类账户余额转入本年利润账户，结转时按收入和支出分别生成记账凭证。期间损益采用账结法，每月月底结转期间损益，年底一次计提盈余公积，并结转利润分配。

7. 本年利润及利润分配

企业对本年利润采用账结法。根据公司章程，公司当年税后利润按以下顺序及规定分配：①弥补以前年度亏损；②按 10% 提取法定盈余公积；③按 30% 向投资者分配利润。

8. 其他

（1）各种费用在月末进行分配，费用分配率均保留两位小数，其余计算结果四舍五入保留小数点后两位。

（2）职工个人应缴纳的社会保险费、住房公积金由企业每月代扣代缴。

五、润泽机械有限公司资料

公司设置的主要机构及主要人员如下：

公司设有采购部、仓储部、销售部、财务部、行政部和一个生产车间。总经理：张晓雯；财务部经理：李东；出纳员：李凌云；法人代表：侯恩熙；会计：程皓。

（一）建账信息

1. 操作员及权限分工

编号	姓名	口令	岗位	系统权限
01	李东	01	账套主管	全部权限
02	程皓	02	会计	公用目录设置、固定资产、工资、往来、财务报表、项目管理、应收、应付、总账中除“审核凭证”“出纳签字”和“恢复记账前状态”外所有的权限
03	李凌云	03	出纳	公用目录设置、现金管理、总账“凭证”下的“出纳签字”权限、“现金流量表”权限

2. 账套基本信息

账套名称：润泽机械有限公司

账套路径：默认

启用期间：2023 年 3 月，会计期间设置采用系统默认设置

单位名称：润泽机械有限公司

单位简称：润泽机械

企业类型：工业企业

行业性质：小企业会计准则（按行业性质预置科目）

账套主管：李东

基础信息：客户、供应商不分类，存货分类，无外币核算，编码方案：科目编码 4–2–2–2–2，部门编码级次 1–2，结算方式编码级次 1–2。其他分类编码及数据精度均采用默认值。

3. 启用模块

总账、工资、固定资产，启用日期：2023 年 3 月 1 日。

（二）基础设置信息

1. 部门档案

编号	部门名称	编号	部门名称
1	行政部	4	采购部
2	财务部	5	销售部
3	生产车间	6	仓储部

2. 职员档案

编号	姓名	所属部门	编号	姓名	所属部门
101	侯恩熙	行政部	305	刘利伟	生产车间
102	张晓雯	行政部	306	张委	生产车间
103	于丽杰	行政部	307	姚健豪	生产车间
201	李东	财务部	401	鲁亭娅	采购部
202	程皓	财务部	402	商佳静	采购部
203	李凌云	财务部	501	周鹏华	销售部
301	陈思源	生产车间	502	罗敬一	销售部
302	刘梦然	生产车间	503	何松宇	销售部
303	许洪翔	生产车间	601	李佳静	仓储部
304	赵怡铭	生产车间	602	王铭慧	仓储部

3. 客户档案

编码	客户名称	客户简称	地址	纳税人登记号	开户银行	账号	联系电话
01	郑州市机床厂	郑州机床	郑州市安东街15号	912345679823450001	工行安东街支行	76345999	68759262
02	唐山钢铁集团公司	唐山钢铁	唐山铁西路28号	915632323565648478	工行唐山分理处	56458441	745862310
03	河北兴业商贸公司	兴业商贸	石家庄市红旗大街35号	911308773748473711	建行红旗大街分理处	62843783	8899230
04	金茗商贸公司	金茗商贸	济南市明珠大街65号	945356438076547907	汇丰银行福佑路支行	95488549	57854433

4. 供应商档案

编码	供应商名称	供应商简称	地址	纳税人登记号	开户银行	账号	联系电话
01	石家庄钢铁公司	石家庄钢铁	石家庄市西路124号	911235462121234578	工行西城营业部	622555521545001	8866868
02	河北省平市纸箱厂	平市纸箱	平市城东路105号	9111235456321654	平市工商银行	130262223111	60276543
03	新大发公司	新大发	滦平县东庄村	87954621300001	中国银行幸福路支行	6223132460	8653214
04	首都钢铁总公司	首都钢铁	北京丰台区165号	123456789987654	北京工商银行丰台区支行	63215649	87687651

5. 凭证类别：记账凭证

6. 会计科目表

科目代码	科目名称	明细科目	辅助核算	余额方向	单位
1001	库存现金		日记账	借	
1002	银行存款		银行账、日记账	借	
100201		中行存款	银行账、日记账	借	
1012	其他货币资金			借	
101201		存出投资款		借	
101202		银行汇票存款		借	
1101	短期投资			借	
110101		股票		借	
1121	应收票据			借	
112101		金茗商贸公司		借	
112102		天津市兴业商贸公司		借	
1122	应收账款			借	
112201		河北兴业商贸公司	客户往来	借	
112202		金茗商贸公司	客户往来	借	
112203		北方机械厂	客户往来	借	
112204		承德钢铁集团有限公司		借	
1123	预付账款			借	
1131	应收股利			借	
1221	其他应收款			借	
122101		部门个人借款	个人往来	借	
122102		押金		借	
1402	在途物资			借	
140201		碳铬钢	数量核算	借	吨
140202		不锈钢板	数量核算	借	吨
140203		润滑油	数量核算	借	桶
1403	原材料			借	
140301		碳铬钢	数量核算	借	吨
140302		不锈钢板	数量核算	借	吨
140303		润滑油	数量核算	借	桶
1405	库存商品			借	
140501		直接材料	项目核算、数量核算	借	箱
140502		直接人工	项目核算、数量核算	借	箱
140503		制造费用	项目核算、数量核算	借	箱
1408	委托加工物资				

续表

科目代码	科目名称	明细科目	辅助核算	余额方向	单位
1411	周转材料			借	
141101		包装纸箱	数量核算	借	个
141102		胶带	数量核算	借	卷
1601	固定资产			借	
1602	累计折旧			贷	
1604	在建工程			借	
160401		仓库		借	
1606	固定资产清理			借	
1701	无形资产			借	
170101		商标权		借	
170102		专利权		借	
1702	累计摊销			贷	
1901	待处理财产损益			借	
190101		待处理流动资产损益		借	
190102		待处理非流动资产损益		借	
2001	短期借款			贷	
2201	应付票据			贷	
220101		石家庄钢铁公司		贷	
220102		承德市国际会展服务公司		贷	
2202	应付账款			贷	
220201		平市供电公司		贷	
220202		平市水务公司		贷	
220203		石家庄钢铁公司	供应商往来	贷	
220204		新大发公司	供应商往来	贷	
220405		首都钢铁总公司	供应商往来	贷	
220406		河北省平市纸箱厂	供应商往来	贷	
220207		暂估应付账款	供应商往来	贷	
220408		平市铁路运输处		贷	
2203	预收账款			贷	
220301		郑州市机床厂		贷	
2211	应付职工薪酬			贷	
221101		工资		贷	
221103		职工福利		贷	
221104		社会保险费		贷	
221105		住房公积金		贷	
221106		工会经费		贷	
221107		职工教育经费		贷	
221108		非货币性福利		贷	

续表

科目代码	科目名称	明细科目	辅助核算	余额方向	单位
2221	应交税费			贷	
222101		应交增值税		贷	
22210101		进项税额		贷	
22210102		销项税额		贷	
22210103		进项税额转出		贷	
22210104		转出未交增值税		贷	
22210105		销项税额抵减		贷	
222102		未交增值税		贷	
222103		预交增值税		贷	
222104		转出未交增值税		贷	
222105		待认证进项税额		贷	
222106		待转销项税额		贷	
222107		增值税留抵税额		贷	
222108		代扣代交增值税		贷	
222109		应交所得税		贷	
222110		应交城建税		贷	
222111		应交个人所得税		贷	
222112		应交教育费附加		贷	
222113		应交地方教育费附加		贷	
2231	应付利息			贷	
2241	其他应付款			贷	
224101		存入保证金		贷	
224102		应付住房公积金		贷	
224103		应付养老保险		贷	
224104		应付失业保险		贷	
224105		应付医疗保险		贷	
3001	实收资本			贷	
300101		侯恩熙		贷	
300102		李素丽		贷	
300103		于东航		贷	
3002	资本公积			贷	
3101	盈余公积			贷	
310101		法定盈余公积		贷	
310102		任意盈余公积		贷	
3103	本年利润			贷	
3104	利润分配			贷	
310401		提取法定盈余公积		贷	
310402		提取任意盈余公积		贷	

续表

科目代码	科目名称	明细科目	辅助核算	余额方向	单位
310403		应付利润		贷	
310404		未分配利润		贷	
310415		未分配利润		贷	
4001	生产成本			借	
400101		直接材料	项目核算	借	
400102		直接人工	项目核算	借	
400103		制造费用	项目核算	借	
4101	制造费用			借	
410101		工资		借	
410102		折旧费		借	
410103		水电费		借	
410104		直接材料		借	
410105		维修费		借	
410106		通讯费		借	
410107		其他		借	
5001	主营业务收入			贷	
500101		调心球轴承 H304	数量核算	贷	箱
500102		调心球轴承 H305	数量核算	贷	箱
5301	营业外收入			贷	
530101		捐赠利得		贷	
530102		盘盈利得		贷	
530103		收回的坏账损失		贷	
530104		无法支付的应付账款		贷	
530105		违约金收入		贷	
530106		其他		贷	
5051	其他业务收入			贷	
5401	主营业务成本			借	
540101		调心球轴承 H304	数量核算	借	箱
540102		调心球轴承 H305	数量核算	借	箱
5402	其他业务成本			借	
5403	税金及附加			借	
5601	销售费用			借	
560101		商品维修费		借	
560102		广告费		借	
560103		业务宣传费		借	
560104		运输费		借	
560105		通讯费		借	
560106		业务招待费		借	

续表

科目代码	科目名称	明细科目	辅助核算	余额方向	单位
560107		工资		借	
560108		折旧费		借	
560109		包装费		借	
560110		展览费		借	
560111		水电费		借	
560113		其他		借	
5602	管理费用			借	
560201		办公费		借	
560202		业务招待费		借	
560203		保险费		借	
560204		运输费		借	
560205		通讯费		借	
560206		水电费		借	
560208		差旅费		借	
560209		工资		借	
560210		折旧费		借	
560211		无形资产摊销		借	
560212		修理费		借	
560213		通行费		借	
560214		法律服务费		借	
560215		仓储费		借	
560216		加油费		借	
560217		租金		借	
560218		物业费		借	
560219		其他		借	
5603	财务费用			借	
560301		利息费用		借	
560302		手续费		借	
560303		现金折扣		借	
560304		汇兑损失		借	
560305		贴现息		借	
560309		其他		借	
5711	营业外支出			借	
571101		坏账损失		借	
571102		捐赠支出		借	
571103		盘亏损失		借	
571106		其他		借	
5801	所得税费用			借	

7. 指定科目

将“库存现金”科目指定为“现金总账科目”，将“银行存款”科目指定为“银行总账科目”。

8. 项目目录

项目大类 / 项目分类 / 项目 / 核算科目	生产成本	
	调心球轴承	
	H304	H305
400101 直接材料	是	是
400102 直接人工	是	是
400103 制造费用	是	是

项目大类 / 项目分类 / 项目 / 核算科目	库存商品	
	调心球轴承	
	H304	H305
140501 直接材料	是	是
140502 直接人工	是	是
140503 制造费用	是	是

9. 结算方式

结算方式编码	结算方式名称	票据管理
1	现金结算	否
2	支票结算	是
201	现金支票	是
202	转账支票	是
3	商业汇票	是
301	商业承兑汇票	是
302	银行承兑汇票	是
4	汇兑	否
401	信汇	否
402	电汇	否
5	银行汇票	是
6	电子缴税回单	否
7	委托收款	否
8	托收承付	否
9	其他	否

（三）固定资产设置信息

固定资产期初设置：

（1）业务控制参数如下表所示。

控制参数	参数设置
约定及说明	选择“我同意”。
启用月份	2023 年 3 月。
折旧信息	选择“本账套计提折旧”；折旧方法为平均年限法（一）；折旧汇总分配周期“1 个月”；当（月初已计提月份 = 可使用月份 -1）时，将剩余折旧全部提足（工作量法除外）。
编码方式	资产类别编码方式 2112，固定资产编码方式为自动编码，选择“类别编号 + 序号”方式，序号长度为 4。
财务接口	勾选“与账务系统进行对账”；对账科目：固定资产对账科目“1601 固定资产”，累计折旧对账科目“1602 累计折旧”；不勾选“在对账不平衡情况下允许固定资产月末结账”。
补充参数	业务发生后立即制单；月末结账前一定要完成制单登账业务；固定资产默认入账科目为“1601 固定资产”，累计折旧入账科目为“1602 累计折旧”；可纳税调整的增加方式为“直接购入”；可抵扣税额入账科目“22210101 进项税额”。

（2）部门对应计提折旧科目设置如下表所示。

部门	对应计提折旧科目
行政部	管理费用（560210）
财务部	
仓储部	
采购部	
销售部	销售费用（560108）
生产车间	制造费用（410102）

（3）资产类别设置如下表所示。

类别编码	类别名称	使用年限	净残值率	计提属性	折旧方法
01	房屋	50	4%	正常计提	平均年限法（一）
02	生产设备	10	4%	正常计提	平均年限法（一）
03	办公设备	5	4%	正常计提	平均年限法（一）

（4）固定资产增减方式及对应入账科目设置如下表所示。

增加方式	对应入账科目	减少方式	对应入账科目
直接购入	银行存款（100201）	出售	固定资产清理（1606）
捐赠	营业外收入（530101）	捐赠转出	固定资产清理（1606）
盘盈	待处理财产损益（190102）	盘亏	待处理财产损益（190102）
在建工程转入	在建工程（160401）	报废	固定资产清理（1606）

（5）2023 年 3 月初固定资产原始卡片信息如下表所示。

卡片编号	00001	00002	00003	00004	00005	00006	00007
固定资产编号	010001	010002	020001	020002	030001	030002	030003
固定资产名称	1 号楼	2 号楼	调心球轴承 H304 生产线	调心球轴承 H305 生产线	电脑 1	电脑 2	打印复印一体机
类别编号	01	01	02	02	03	03	03
类别名称	房屋	房屋	生产设备	生产设备	办公设备	办公设备	办公设备
部门名称	行政部	生产车间	生产车间	生产车间	财务部	行政部	财务部
增加方式	直接购入	直接购入	直接购入	直接购入	直接购入	直接购入	直接购入
使用状况	在用	在用	在用	在用	在用	在用	在用
使用年限	50 年	50 年	10 年	10 年	5	5	5
折旧方法	平均年限法（一）	平均年限法（一）	平均年限法（一）	平均年限法（一）	平均年限法（一）	平均年限法（一）	平均年限法（一）
入账日期	2022-2-8	2022-2-16	2022-2-20	2022-2-20	2022-2-18	2022-2-18	2022-3-28
币种	人民币	人民币	人民币	人民币	人民币	人民币	人民币
原值	10 000 000	2 500 000	200 000	200 000	10 000	10 000	5 000
净残值率	4%	4%	4%	4%	4%	4%	4%
对应折旧科目	管理费用	制造费用	制造费用	制造费用	管理费用	管理费用	管理费用
累计折旧	192 000	48 000	19 200	19 200	1 920	1 920	880

（四）工资设置信息

工资系统初始化数据：

（1）业务控制参数。

①工资类别个数：单个

②核算币种：人民币（RMB）

③要求代扣个人所得税，不进行扣零处理

④人员编码长度：3 位

⑤启用日期：2023 年 3 月 1 日

⑥其他数据默认。

（2）人员类别设置：行政人员、财务人员、生产人员—调心球轴承 H304、生产人员—调心球轴承 H305、采购人员、销售人员、仓储人员。

（3）代发工资银行名称设置：中行平市迎宾路支行。账号定长为 11，录入时需要自动带出的账号长度为 9。

（4）工资项目如下表所示。

项目名称	类别	长度	小数位数	工资增减项
基本工资	数字	10	2	增项
津贴	数字	10	2	增项

续表

项目名称	类别	长度	小数位数	工资增减项
奖金	数字	10	2	增项
应发合计	数字	10	2	增项
请假天数	数字	10	0	其他
请假扣款	数字	10	2	减项
应付工资	数字	10	2	增项
养老保险	数字	10	2	减项
失业保险	数字	10	2	减项
医疗保险	数字	10	2	减项
住房公积金	数字	10	2	减项
税前工资	数字	10	2	增项
专项附加扣除	数字	10	2	其他
计税基数	数字	10	2	其他
代扣税	数字	10	2	减项
扣款合计	数字	10	2	减项
实发工资	数字	10	2	增项

（5）档案设置和工资数据如下表所示。

人员编码	姓名	人员类别	代发银行	账号
101	侯恩熙	行政部	中行平市迎宾路支行	45630000301
102	张晓雯	行政部	中行平市迎宾路支行	45630000302
103	于丽杰	行政部	中行平市迎宾路支行	45630000303
201	李东	财务部	中行平市迎宾路支行	45630000304
202	程皓	财务部	中行平市迎宾路支行	45630000305
203	李凌云	财务部	中行平市迎宾路支行	45630000306
301	陈思源	生产车间—调心球轴承 H304	中行平市迎宾路支行	45630000307
302	刘梦然	生产车间—调心球轴承 H304	中行平市迎宾路支行	45630000308
303	许洪翔	生产车间—调心球轴承 H304	中行平市迎宾路支行	45630000309
304	赵怡铭	生产车间—调心球轴承 H305	中行平市迎宾路支行	45630000310
305	刘利伟	生产车间—调心球轴承 H305	中行平市迎宾路支行	45630000311
306	张委	生产车间—调心球轴承 H305	中行平市迎宾路支行	45630000312
307	姚健豪	生产车间—调心球轴承 H305	中行平市迎宾路支行	45630000313
401	鲁亭娅	采购部	中行平市迎宾路支行	45630000314
402	商佳静	采购部	中行平市迎宾路支行	45630000315
501	周鹏华	销售部	中行平市迎宾路支行	45630000316

续表

人员编码	姓名	人员类别	代发银行	账号
502	罗敬一	销售部	中行平市迎宾路支行	45630000317
503	何松宇	销售部	中行平市迎宾路支行	45630000318
601	李佳静	仓储部	中行平市迎宾路支行	45630000319
602	王铭慧	仓储部	中行平市迎宾路支行	45630000320

注：以账套主管身份登录，增加 02 号操作员部门管理权限和工资项目管理权限。

（6）工资公式设置如下表所示。

基本工资	行政部 5 500，财务部 5 000，采购部 4 500，销售部 4 500，生产车间 4 500，仓储部 4 500（采用 iff 函数进行设置） iff（部门 =" 行政部 "，5500，iff（部门 =" 财务部 "，5000，iff（部门 =" 采购部 "，4500，iff（部门 =" 销售部 "，4500，iff（部门 =" 生产车间 "，4500，4500）））））
津贴	行政部 2 000，财务部 1 500，采购部 1 000，销售部 1 000，生产车间 1 000，仓储部 1 000（采用 iff 函数进行设置）
请假扣款	请假天数 ×20
应发合计	基本工资＋奖金＋津贴
应付工资	应发合计－请假扣款
养老保险	应付工资 ×8%
失业保险	应付工资 ×0.2%
医疗保险	应付工资 ×2%
住房公积金	应付工资 ×12%
税前工资	应付工资－养老保险－失业保险－医疗保险－住房公积金
计税基数	税前工资－专项附加扣除
扣款合计	养老保险＋失业保险＋医疗保险＋住房公积金＋代扣税＋请假扣款
实发工资	应发合计－扣款合计

（7）工资分摊设置如下表所示。

部门	人员（工资分摊设置）	分摊项目：应付工资分摊比例：100% 借方科目	贷方科目
行政部	行政人员	管理费用—工资（560209）	应付职工薪酬—工资（221101）
财务部	财务人员	管理费用—工资（560209）	
生产车间	生产人员—调心球轴承 H304	生产成本—直接人工（400102）	
生产车间	生产人员—调心球轴承 H305	生产成本—直接人工（400102）	
采购部	采购人员	管理费用—工资（560209）	
销售部	销售人员	销售费用—工资（560107）	
仓储部	仓储人员	管理费用—工资（560209）	

要求：费用分摊到部门，明细到工资项目，制单时合并科目相同、辅助项相同的分录。

（8）代扣个人社会保险费、住房公积金和个人所得税设置如下表所示。

分摊项目 \ 分摊设置 \ 部门（人员）			行政部（行政人员）、财务部（财务人员）、生产车间（生产人员—调心球轴承 H304、调心球轴承 H305）、采购部（采购人员）、销售部（销售人员）、仓储部（仓储人员）
代扣养老保险	分摊项目：应付工资 比例：8%	借方科目	应付职工薪酬—工资（221101）
		贷方科目	其他应付款—应付养老保险（224103）
代扣失业保险	分摊项目：应付工资 比例：0.2%	借方科目	应付职工薪酬—工资（221101）
		贷方科目	其他应付款—应付失业保险（224104）
代扣医疗保险	分摊项目：应付工资 比例：2%	借方科目	应付职工薪酬—工资（221101）
		贷方科目	其他应付款—应付医疗保险（224105）
代扣住房公积金	分摊项目：应付工资 比例：12%	借方科目	应付职工薪酬—工资（221101）
		贷方科目	其他应付款—应付住房公积金（224102）
代扣个人所得税	分摊项目：代扣税比例 100%	借方科目	应付职工薪酬—工资（221101）
		贷方科目	应交税费—应交个人所得税（222111）

要求：费用分摊到部门，明细到工资项目，制单时合并科目相同、辅助项相同的分录。

（9）企业负担的社会保险费、住房公积金、工会经费和职工教育经费分摊设置如下表所示。

分摊项目 \ 分摊设置 \ 部门（人员）			行政部（行政人员）	财务部（财务人员）	采购部（采购人员）	仓储部（仓储人员）	生产车间（生产人员—调心球轴承 H304）	生产车间（生产人员—调心球轴承 H305）	销售部（销售人员）
养老保险	分摊项目：缴费工资 比例：16%	借方科目	管理费用—工资（560209）				生产成本—直接人工（400102）		销售费用—工资（560107）
		贷方科目	应付职工薪酬—社会保险费（221104）						
失业保险	分摊项目：缴费工资 比例：0.8%	借方科目	管理费用—工资（560209）				生产成本—直接人工（400102）		销售费用—工资（560107）
		贷方科目	应付职工薪酬—社会保险费（221104）						
工伤保险	分摊项目：缴费工资 比例：2%	借方科目	管理费用—工资（560209）				生产成本—直接人工（400102）		销售费用—工资（560107）
		贷方科目	应付职工薪酬—社会保险费（221104）						
医疗保险	分摊项目：缴费工资 比例：6%	借方科目	管理费用—工资（560209）				生产成本—直接人工（400102）		销售费用—工资（560107）
		贷方科目	应付职工薪酬—社会保险费（221104）						

续表

部门（人员） 分摊设置 分摊项目			行政部（行政人员）	财务部（财务人员）	采购部（采购人员）	仓储部（仓储人员）	生产车间（生产人员—调心球轴承 H304）	生产车间（生产人员—调心球轴承 H305）	销售部（销售人员）
住房公积金	分摊项目：缴费工资 比例：12%	借方科目	管理费用—工资（560209）				生产成本—直接人工（400102）		销售费用—工资（560107）
		贷方科目	应付职工薪酬—住房公积金（221105）						
工会经费	分摊项目：缴费工资 比例：2%	借方科目	管理费用—工资（560209）				生产成本—直接人工（400102）		销售费用—工资（560107）
		贷方科目	应付职工薪酬—工会经费（221106）						
职工教育经费	分摊项目：缴费工资 比例：8%	借方科目	管理费用—工资（560209）				生产成本—直接人工（400102）		销售费用—工资（560107）
		贷方科目	应付职工薪酬—职工教育经费（221107）						

要求：费用分摊到部门，明细到工资项目，制单时合并科目相同、辅助项相同的分录。

（五）总账期初设置信息

1. 总账控制参数设置

选项卡	参数设置
凭证	制单序时控制；资金及往来赤字控制；允许修改作废他人填制的凭证；凭证由系统编号；打印凭证页脚姓名；可以使用其他系统受控科目；允许查看他人填制的凭证；出纳凭证必须经由出纳签字；其他采用系统默认设置
账簿	账簿打印位数、每页打印行数按软件的标准设置，明细账打印按月排页，其他采用系统默认设置
会计日历	会计日历为 1 月 1 日至 12 月 31 日
其他	数量小数位和单价小数位为两位；部门、个人、项目按编码方式排序；其他采用系统默认设置

2. 期初余额表

科目代码	科目名称	明细科目	借方余额	贷方余额
1001	库存现金		9 600.00	
1002	银行存款		3 748 848.13	
100201		中行存款	3 748 848.13	
1012	其他货币资金		100 000.00	
101201		存出投资款	100 000.00	
101202		银行汇票存款		
1121	应收票据		560 480.00	
112101		金茗商贸公司	447 480.00	
112102		天津市兴业商贸公司	113 000.00	
1122	应收账款		399 500.00	

续表

科目代码	科目名称	明细科目	借方余额	贷方余额
112201		河北兴业商贸公司	372 900.00	
112202		金茗商贸公司	26 600.00	
112203		北方机械厂		
112204		承德钢铁集团有限公司		
1123	预付账款			
1221	其他应收款		6 500.00	
122101		部门个人借款	3 000.00	
122102		押金	3 500.00	
1402	在途物资			
140201		碳铬钢		
140202		不锈钢板		
140203		润滑油		
1403	原材料		1 270 000.00	
140301		碳铬钢（数量 300 吨）	900 000.00	
140302		不锈钢板（数量 80 吨）	320 000.00	
140303		润滑油（数量 500 桶）	50 000.00	
1405	库存商品		1 975 600.00	
140501		直接材料 （数量：调心球轴承 H304 2 000 箱；调心球轴承 H305 2 100 箱）	调心球轴承 H304 910 000.00 调心球轴承 H305 990 000.00	
140502		直接人工 （数量：调心球轴承 H304 2 000 箱；调心球轴承 H305 2 100 箱）	调心球轴承 H304 30 000.00 调心球轴承 H305 40 000.00	
140503		制造费用 （数量：调心球轴承 H304 2 000 箱；调心球轴承 H305 2 100 箱）	调心球轴承 H304 2 300.00 调心球轴承 H305 3 300.00	
1408	委托加工物资			
1411	周转材料		28 000.00	
141101		包装纸箱（数量 6 000 个）	18 000.00	
141102		胶带（数量 5 000 卷）	10 000.00	
1601	固定资产		12 925 000.00	
1602	累计折旧			283 120.00
1604	在建工程		850 000.00	
160401		仓库	850 000.00	
1606	固定资产清理			
1701	无形资产		120 000.00	
170101		商标权	120 000.00	

续表

科目代码	科目名称	明细科目	借方余额	贷方余额
170102		专利权		
1702	累计摊销			12 000.00
1901	待处理财产损益			
190101		待处理流动资产损益		
190102		待处理固定资产损益		
2001	短期借款			500 000.00
2201	应付票据			
220101		石家庄钢铁公司		
2202	应付账款			305 920.00
220201		平市供电公司		10 920.00
220202		平市水务公司		2 450.00
220203		石家庄钢铁公司		80 000.00
220204		新大发公司		20 000.00
220205		首都钢铁总公司		192 550.00
220207		暂估应付账款		
2203	预收账款			
220301		郑州市机床厂		
2211	应付职工薪酬			232 125.93
221101		工资		138 450.21
221103		职工福利		20 567.26
221104		社会保险费		33 774.71
221105		住房公积金		21 681.25
221106		工会经费		
221107		职工教育经费		17 652.50
2221	应交税费			17 932.68
222101		应交增值税		
22210101		进项税额		
22210102		销项税额		
22210103		进项税额转出		
22210104		转出未交增值税		
22210105		销项税额抵减		
222102		未交增值税		15 800.00
222103		预交增值税		
222104		转出未交增值税		
222105		待认证进项税额		
222106		待转销项税额		

续表

科目代码	科目名称	明细科目	借方余额	贷方余额
222107		增值税留抵税额		
222108		代扣代交增值税		
222109		应交所得税		
222110		应交城建税		1 106.00
222111		应交个人所得税		552.68
222112		应交教育费附加		474.00
222113		应交地方教育费附加		
2231	应付利息			7 500.00
2241	其他应付款			45 218.52
224101		存入保证金		
224102		应付住房公积金		21 681.25
224103		应付养老保险		18 697.88
224104		应付失业保险		413.26
224105		应付医疗保险		4 426.13
3001	实收资本			15 000 000.00
300101		侯恩熙		15 000 000.00
300102		李素丽		
300103		于东航		
3002	资本公积			
3101	盈余公积			4 783 000.00
310101		法定盈余公积		3 536 000.00
310102		任意盈余公积		1 247 000.00
3103	本年利润			
3104	利润分配			803 711.00
310401		提取法定盈余公积		
310402		提取任意盈余公积		
310403		应付利润		
310404		未分配利润		803 711.00

3. 1~2 月累计发生额

科目代码	科目名称	明细科目	累计借方发生额	累计贷方发生额
5001	主营业务收入			4 209 000.00
500101		调心球轴承 H304		1 809 000.00
		调心球轴承 H305		2 400 000.00
5051	其他业务收入			22 000.00

续表

科目代码	科目名称	明细科目	累计借方发生额	累计贷方发生额
5301	营业外收入			20 000.00
530105		违约金收入		20 000.00
5401	主营业务成本		2 127 931.50	
540101		调心球轴承 H304	947 011.50	
540102		调心球轴承 H305	1 180 920.00	
5402	其他业务成本		15 000.00	
5403	税金及附加		8 320.62	
5601	销售费用		96 416.00	
560102		广告费	5 500.00	
560104		运输费	4 516.00	
560105		通讯费	850.00	
560107		工资	38 000.00	
560108		折旧费	47 200.00	
560111		水电费	350.00	
5602	管理费用		71 166.00	
560202		业务招待费	3 016.00	
560203		保险费	7 200.00	
560204		运输费	120.00	
560205		通讯费	600.00	
560206		水电费	410.00	
560208		差旅费	1 200.00	
560209		工资	11 200.00	
560210		折旧费	32 800.00	
560211		无形资产摊销	3 000.00	
560213		通行费	100.00	
560216		加油费	1 400.00	
560217		租金	8 000.00	
560218		物业费	2 120.00	
5603	财务费用		7 600.00	
560301		利息费用	7 500.00	
560302		手续费	100.00	
5711	营业外支出		15 000.00	
571101		坏账损失	5 000.00	
571102		捐赠支出	10 000.00	
571103		盘亏损失		
5801	所得税费用		24 500.00	

4. 有关明细科目期初余额

（1）应收账款期初明细账余额如下表所示：

日期	客户	摘要	方向	付款条件	金额
2023-01-15	河北兴业商贸公司	货款	借		372 900.00
2023-02-14	金茗商贸公司	货款	借		26 600.00

（2）应付账款期初明细账余额如下表所示：

日期	往来单位名称	摘要	方向	付款条件	金额
2023-01-28	石家庄钢铁公司	货款	贷		80 000.00
2023-02-28	新大发公司	货款	贷		20 000.00
2023-01-14	首都钢铁总公司	货款	贷		192 550.00
2023-02	平市供电公司	电费	贷		10 920.00
2302-02	平市水务公司	水费	贷		2 450.00

（3）其他应收款期初明细账余额如下表所示：

日期	个人姓名	摘要	方向	金额
2023-02-28	商佳静	出差预借款	借	3 000.00

（4）原材料期初明细账余额如下表所示：

项目		方向	余额		
			数量	单价	金额
碳铬钢	数量核算	借	300 吨	3 000.00	900 000.00
不锈钢板		借	80 吨	4 000.00	320 000.00
防锈液		借	500 桶	100.00	50 000.00

（5）周转材料期初明细账余额如下表所示：

项目		方向	余额		
			数量	单价	金额
包装纸箱	数量核算	借	6 000 个	3.00	18 000.00
胶带	数量核算	借	5 000 卷	2.00	10 000.00

（6）库存商品期初明细账余额如下表所示：

项目及项目名称		直接材料	直接人工	制造费用	合计
调心球轴承H304（2 000 箱）	总成本	910 000.00	30 000.00	2 300.00	942 300.00
	单位成本	455.00	15.00	10.15	480.15
调心球轴承H305（2 100 箱）	总成本	990 000.00	40 000.00	3 300.00	1 033 300.00
	单位成本	471.43	19.05	1.57	492.05
合计		1 900 000.00	70 000.00	5 600.00	1 975 600.00

（7）应收票据期初明细账余额如下表所示：

客户	摘要	方向	金额
天津市兴业商贸公司	货款	借	113 000.00
金茗商贸公司	货款	借	447 480.00

（六）润泽机械有限公司 2023 年 3 月经济业务

要求：学生识别原始凭证，审核原始凭证，分析经济业务需要使用的会计信息化模块，填制记账凭证，审核记账凭证，记账、结账，生成资产负债表、利润表。打印记账凭证，将原始凭证附在相应的记账凭证后面。打印账簿，装订凭证、账簿。

【业务 1】偿还欠款

1–1

中 国 银 行（冀）

转账支票存根

支票号码　№678666

附加信息＿＿＿＿＿＿＿＿＿＿

出票日期：　2023 年 03 月 01 日

收款人：	石家庄钢铁公司
金　额：	¥80 000.00
用　途：	偿还欠款

单位主管　李东　　会计　程皓

【业务 2】购入材料

2–1/3

河北增值税专用发票

№ 98700788

发票联

开票日期：2023 年 03月03日

购买方	名　　称：润泽机械有限公司 纳税人识别号：911308238552126456 地 址、电 话：平市迎宾路120号 6027648 开户行及账号：中国银行平市迎宾路支行45645612345					密码区	（略）	
货物或应税劳务、服务名称	规格	单位	数量	单 价	金 额	税率	税 额	
不锈钢板		吨	200	4100. 00	820000. 00	13%	106600. 00	
合　计					¥820000. 00		¥106600. 00	
价税合计(大写）	⊗玖拾贰万陆仟陆佰元整					（小写）¥926600. 00		
销售方	名　　称：石家庄钢铁公司 纳税人识别号：911235462121234578 地 址、电 话：石家庄市西路 124 号 8866868 开户行及账号：工行西城营业部 622555521545001					备注		

收款人：马小云　　复核：王小勇　　开票人：张佳慧　　销货方：（章）

2–2/3

河北增值税专用发票

№98700788

抵扣联

开票日期：2023 年 03月03日

购买方	名　　称：润泽机械有限公司 纳税人识别号：911308238552126456 地 址、电 话：平市迎宾路120号6027648 开户行及账号：中国银行平市迎宾路支行45645612345					密码区	（略）	
货物或应税劳务、服务名称	规格	单位	数量	单 价	金 额	税率	税 额	
不锈钢板		吨	200	4100. 00	820000. 00	13%	106600. 00	
合　计					¥820000. 00		¥106600. 00	
价税合计(大写）	⊗玖拾贰万陆仟陆佰元整					（小写）¥926600. 00		
销售方	名　　称：石家庄钢铁公司 纳税人识别号：911235462121234578 地 址、电 话：石家庄市西路 124 号 8866868 开户行及账号：工行西城营业部 622555521545001					备注		

收款人：马小云　　复核：王小勇　　开票人：张佳慧　　销货方：（章）

2-3/3

银行承兑汇票（存根）№20561610

出票日期（大写） 贰零贰叁年叁月零叁日

出票人	全　称	润泽机械有限公司	收款人	全　称	石家庄钢铁公司
	账　号	45645612345		账　号	622555521545001
	开户银行	中国银行平市迎宾路支行		开户银行	工行西城营业部
出票金额	人民币（大写）玖拾贰万陆仟陆佰元整			百十万千百十元角分	¥ 9 2 6 6 0 0 0 0
汇票到期日	贰零贰叁年玖月零叁日		付款行	行号	20864441
承兑协议编号	20230005896			地址	平市迎宾路
本汇票请你行承兑，到期日无条件支付票款。 出票人盖章		本汇票已经承兑，到期日由本行付款。 承兑行签章 2023年03月05日 备注:		复核　记账	

【业务3】

3-1/3

河北增值税专用发票

发票联

№ 357159

开票日期: 2023年03月03日

购买方	名　称：润泽机械有限公司 纳税人识别号：911308238552126456 地 址、电 话：平市迎宾路120号6027648 开户行及账号：中国银行平市迎宾路支行 45645612345				密码区	（略）	
货物或应税劳务、服务名称	规格型号	单位	数量	单价	金额	税率	税额
笔记本		个	100	8.00	800.00	13%	104.00
合　计					¥800.00		¥104.00
价税合计（大写）	⊗玖佰零肆元整				（小写）¥904.00		
销售方	名　称：平市宽广超市 纳税人识别号：91123478623476 地 址、电 话：平市八沟大街67号6028853 开户行及账号：中国银行八沟大街营业部963852741				备注		

收款人:　　复核:　　开票人:　　销售方:（章）

第三联：发票联　购买方记账凭证

3-2/3

河北增值税专用发票

抵扣联

№ 357159

开票日期：2023 年 03 月 03 日

购买方	名　　称：润泽机械有限公司 纳税人识别号：911308238552126456 地 址、电 话：平市迎宾路120号6027648 开户行及账号：中国银行平市迎宾路支行45645612345				密码区	（略）	
货物或应税劳务、服务名称	规格型号	单位	数量	单价	金额	税率	税额
笔记本		个	100	8.00	800.00	13%	104.00
合　计					¥800.00		¥104.00
价税合计（大写）	⊗玖佰零肆元整			（小写）¥904.00			
销售方	名　　称：平市宽广超市 纳税人识别号：91123478623476 地 址、电 话：平市八沟大街 67 号6028853 开户行及账号：中国银行八沟大街营业部963852741				备注		

第二联：抵扣联　购买方抵扣凭证

收款人：李涛　　复核：张洪　　开票人：王楠　　销售方：（章）

3-3/3

中 国 银 行（冀）

转账支票存根

支票号码　№0160225

附加信息：

出票日期：　2023 年 03 月 03 日

收款人：	平市宽广超市
金　额：	¥904.00
用　途：	购买办公用品

单位主管　李东　　会计　程皓

【业务 4】扣手续费

4-1/1

中国银行扣费凭证

2023 年03月05日

户名	润泽机械有限公司	币种	人民币
账号	45645612345	收费项目	银行承兑手续费
金额（大写）人民币壹佰零贰元伍角		合计：￥102.50	
划款方式：转账 摘要：手续费		（银行盖章）	

【业务 5】材料入库

5–1/4

收　料　单

供应单位：石家庄钢铁公司　　　　　　　　　　　　入库单编号：（略）

发票号码：98700788　　　　2023 年 03 月 05 日　　　　收料仓库：一号库

材料类别	名称及规格	计量单位	数量		运费	实际成本	
			应收	实收		单价	金额
	不锈钢板	吨	200	200	9440.00	4147.20	829440.00

主管:　　　　记账:　　　　保管: 王铭慧　　　　制单: 李佳静

5–2/4

河北增值税专用发票

发　票　联

№. 26547790

开票日期：2023 年 03 月 05 日

购买方	名　称：润泽机械有限公司 纳税人识别号：911308238552126456 地　址、电　话：平市迎宾路120号6027648 开户行及账号：中国银行平市迎宾路支行45645612345				密码区	（略）	
货物或应税劳务、服务名称	规格型号	单位	数量	单价	金额	税率	税额
*运输服务*运费					9440.00	9%	849.60
合　计					¥9440.00		¥849.60
价税合计（大写）	⊗壹万零贰佰捌拾玖元陆角整				（小写）¥ 10289.60		
销售方	名　称：石家庄货运中心 纳税人识别号：913074857857859439 地　址、电　话：石家庄西中路 18 号6688668 开户行及账号：工商银行石家庄西路支行 254878692				备注	石家庄货运中心 913074857857859439 发票专用章	

第三联：发票联　购买方记账凭证

收款人：王宾　　　复核：张东　　　开票人：李伟　　　销售方：（章）

5–3/4

河北增值税专用发票　　No. 26547790

抵扣联　　开票日期：2023年03月05日

购买方	名　　称：润泽机械有限公司 纳税人识别号：911308238552126456 地 址、电 话：平市迎宾路120号6027648 开户行及账号：中国银行平市迎宾路支行45645612345					密码区	（略）
货物或应税劳务、服务名称	规格型号	单位	数量	单价	金额	税率	税额
*运输服务 *运费					9440.00	9%	849.60
合　计					¥9440.00		¥849.60
价税合计（大写）	⊗壹万零贰佰捌拾玖元陆角整				（小写）¥ 10289.60		
销售方	名　　称：石家庄货运中心 纳税人识别号：913074857857859439 地 址、电 话：石家庄西中路 18 号6688668 开户行及账号：工商银行石家庄西路支行 254878692					备注	

收款人：王宾　　复核：张东　　开票人：李伟　　销售方：（章）

第二联：抵扣联　购买方抵扣凭证

5–4/4

中 国 银 行（冀）

转账支票存根

支票号码　№0160232

附加信息：

出票日期：　2023 年03 月 05 日

收款人：	石家庄货运中心
金　额：	¥10 289.60
用　途：	付运费

单位主管　李东　　会计　程皓

【业务 6】报销差旅费

6–1/2

差 旅 费 报 销 单

2023 年 03 月 06 日

部门名称	采购部	姓名	商佳静	职务	采购员

出差事由：采购材料

出差起止日期：2023 年 2 月 28 日至 2023 年 3 月 4 日共 5 天 附单据 3 张

日期		起讫地点		交通		住宿费用	出差补助	其他费用	小计
月	日	出发地点	到达地点	工具	金额				
2	28	平市	石家庄	高铁	300.00	1200.00	900.00		2400.00
3	4	石家庄	平市	高铁	300.00				300.00
合计					600.00	1200.00	900.00		2700.00

合计金额人民币（大写）贰仟柒佰元整　　¥2700.00

原借款项 3000.00 元　补付现金 ____ 元　退回现金 300 元　领款人签字：商佳静

领导审批：侯恩熙　　财务主管：李东

6–2/2

收　据

2023 年 03 月 06 日　　编号：01235

今收到 商佳静

交　来 差旅费剩余款

金　额（大写） 叁佰元整　　¥300.00

现金收讫

润泽机械有限公司 财务专用章

单位盖章　　收款人：李凌云　　交款人：商佳静

【业务 7】收回前欠货款

7–1/1

中国银行进账单（回单） 1

2023 年 03 月 06 日　　　　第 237 号

收款人	全　称	润泽机械有限公司	付款人	全　称	河北兴业商贸公司
	账　号	45645612345		账　号	62843783
	开户银行	中国银行平市迎宾路支行		开户银行	建行红旗大街分理处

	百	十	万	千	百	十	元	角	分
人民币（大写）叁拾柒万贰仟玖佰元整	¥	3	7	2	9	0	0	0	0

票据种类	转账支票	票据张数	1
票据号码	938470		

中国银行平市迎宾路支行 2023年3月6日 业务清讫

复核：　　记账：　　　　收款人开户行盖章

此联是收款人开户行给收款人的回单或收账通知

【业务 8】购入包装纸箱

8–1/3

河北增值税专用发票

发票联　　№ 123456

开票日期：2023 年 03 月 07日

购买方	名　称：润泽机械有限公司 纳税人识别号：91130823855212645б 地址、电话：平市迎宾路 120号 6027648 开户行及账号：中国银行平市迎宾路支行 45645612345
密码区	（略）

货物或应税劳务、服务名称	规格型号	单位	数量	单价	金额	税率	税额
包装纸箱		个	5000	3.00	15000.00	13%	1950.00
合　计					¥15000.00		¥1950.00
价税合计（大写）	⊗壹万陆仟玖佰伍拾元整				（小写）¥ 16950.00		

销售方	名　称：河北省平市纸箱厂 纳税人识别号：9111235456321654 地址、电话：平市城东路105号60276543 开户行及账号：平市工商银行130262223111
备注	河北省平市纸箱厂 9111235456321654 发票专用章

收款人：李小梅　　复核：郑杰　　开票人：张红　　销售方：（章）

第三联：发票联　购买方记账凭证

8–2/3

河北增值税专用发票

№ 123456

抵扣联　　开票日期：2023 年 03月 07日

购买方	名　　称：润泽机械有限公司 纳税人识别号：911308238552126456 地　址、电　话：平市迎宾路120号 6027648 开户行及账号：中国银行平市迎宾路支行45645612345					密码区	（略）
货物或应税劳务、服务名称	规格型号	单位	数量	单价	金额	税率	税额
包装纸箱		个	5000	3.00	15000.00	13%	1950.00
合　计					¥15000.00		¥1950.00
价税合计（大写）	⊗壹万陆仟玖佰伍拾元整				（小写）¥ 16950.00		
销售方	名　　称：河北省平市纸箱厂 纳税人识别号：9111235456321654 地　址、电　话：平市城东路105号 60276543 开户行及账号：平市工商银行 130262223111				备注	河北省平市纸箱厂 9111235456321654 发票专用章	

第二联：抵扣联 购买方抵扣凭证

收款人：李小梅　　复核：郑杰　　开票人：张红　　销售方：（章）

8–3/3

入　库　单

供应单位：河北省平市纸箱厂　　入库单编号：1005

发票号码：123456　　2023年 03 月 07 日　　仓库：一号库

材料类别	名称及规格	计量单位	数量		运费	实际成本	
			应收	实收		单价	金额
	包装纸箱	个	5 000	5 000		3.00	15 000.00

主管:　　记账:　　保管: 王铭慧　　制单: 李佳静

【业务 9】收回货款

9–1/1

托 收 凭 证（收账通知） 4

委托日期 2023 年 03 月 07 日 №. 1238901

业务类型	委托收款（□邮划☑电划）		托收承付（□邮划□电划）		
付款人	全称	金茗商贸公司	收款人	全称	润泽机械有限公司
	账号	95488549		账号	45645612345
	开户银行	汇丰银行福佑路支行		开户银行	中国银行平市迎宾路支行
金额	人民币（大写）：肆拾肆万柒仟肆佰捌拾元整			百十万千百十元角分	¥ 4 4 7 4 8 0 0 0
款项内容	销货款	托收凭证名称	商业承兑汇票	附寄单证张数	3 张
商品发运情况		已发运		合同号码	202338156
复核： 记账：		款项收妥日期 年 月 日		收款人开户银行盖章	

此联是收款人开户银行给收款人的收账通知

（印章：中国银行平市迎宾路支行 2023年3月7日 业务清讫）

【业务 10】预收货款

10–1/1

中国银行进账单（回单） 1

2023 年 03 月 07 日 第 238 号

收款人	全称	润泽机械有限公司	付款人	全称	郑州市机床厂
	账号	45645612345		账号	76345999
	开户银行	中国银行平市迎宾路支行		开户银行	工行安东街支行
人民币（大写）伍万元整				百十万千百十元角分	¥ 5 0 0 0 0 0 0
票据种类	转账支票	票据张数	1	收款人开户行盖章	
票据号码	224561				
复核： 记账：					

此联是收款人开户行给收款人的回单或收账通知

（印章：中国银行平市迎宾路支行 2023年3月7日 业务清讫）

【业务 11】发放工资

11–1/1

中 国 银 行（冀）

转账支票存根

支票号码　№894221

附加信息 ______________________

出票日期：　2023 年 03月07日

收款人：	润泽机械有限公司
金　额：	¥138 450. 21
用　途：	发放工资

单位主管　李东　　　会计　程皓

【业务 12】上交社会保险费、住房公积金

12–1/5

中国银行电子缴税付款凭证

转账日期：　2023 年 03月07 日

纳税人全称及识别号：润泽机械有限公司 911308238552126456

付款人全称：润泽机械有限公司

付款人账号：45645612345　　　征收机关名称：国家税务总局平市税务局

付款人开户银行：中国银行平市迎宾路支行　收缴国库（银行）名称：国家金库平市支库

小写（合计）金额：¥1792. 50　　　缴款书交易流水号：369258147456

大写（合计）金额：人民币壹仟柒佰玖拾贰元伍角　税票号码：45164316562254

税（费）种名称：	所属时期	实缴金额
失业保险费	2023.02.01-2023.02.28	¥1 792.50

第 1 次打印　　　　打印时间：2023 年 03 月07日

中国银行平市迎宾路支行 2023年3月7日 电子回单专用章

12–2/5

中国银行电子缴税付款凭证

转账日期：2023 年 03月07日

纳税人全称及识别号：润泽机械有限公司 911308238552126456

付款人全称：润泽机械有限公司

付款人账号：45645612345　　征收机关名称：国家税务总局平市税务局

付款人开户银行：中国银行平市迎宾路支行　收缴国库（银行）名称：国家金库平市支库

小写（合计）金额：¥14 435.80　　缴款书交易流水号：369258147457

大写（合计）金额：人民币壹万肆仟肆佰叁拾伍元捌角　税票号码：45164316562255

税（费）种名称：	所属时期	实缴金额
基本医疗保险费	2023.02.01-2023.02.28	¥14 435.80

第 1 次打印　　打印时间：2023 年 03月07日

中国银行平市迎宾路支行 2023年3月7日 电子回单专用章

12–3/5

中国银行电子缴税付款凭证

转账日期：2023 年 03月07日

纳税人全称及识别号：润泽机械有限公司 911308238552126456

付款人全称：润泽机械有限公司

付款人账号：45645612345　　征收机关名称：国家税务总局平市税务局

付款人开户银行：中国银行平市迎宾路支行　收缴国库（银行）名称：国家金库平市支库

小写（合计）金额：¥43 381.50　　缴款书交易流水号：369258147458

大写（合计）金额：人民币肆万叁仟叁佰捌拾壹元伍角　税票号码：45164316562256

税（费）种名称：	所属时期	实缴金额
基本养老保险费	2023.02.01-2023.02.28	¥43 381.50

第 1 次打印　　打印时间：2023 年 03月07日

中国银行平市迎宾路支行 2023年3月7日 电子回单专用章

12–4/5

中国银行电子缴税付款凭证

转账日期：2023 年 03月07日

纳税人全称及识别号：润泽机械有限公司 9113082385521264 56

付款人全称：润泽机械有限公司

付款人账号：45645612345 征收机关名称：国家税务总局平市税务局

付款人开户银行：中国银行平市迎宾路支行 收缴国库（银行）名称：国家金库平市支库

小写（合计）金额：¥702.18 缴款书交易流水号：369258147459

大写（合计）金额：人民币柒佰零贰元壹角捌分 税票号码：45164316562257

税（费）种名称：	所属时期	实缴金额
工伤保险费	2023.02.01-2023.02.28	¥702.18

中国银行平市迎宾路支行 2023年3月7日 电子回单专用章

第 1 次打印 打印时间：2023 年 03月07日

12–5/5

中国银行电子缴税付款凭证

转账日期： 2023 年 03月07日

交易日期：2023 年 03月07日

付款人账号：45645612345 业务类型：批量代收（定期代收）

付款人开户银行：中国银行平市迎宾路支行 交易流水号：KV145368446143

收款账号:1305464684 客户编号：12454

收款人开户行：中国建设银行平市支行 付款人：润泽机械有限公司

交易金额（小写）：¥43 362.50 收款人：平市住房公积金管理中心

交易金额（大写）：人民币肆万叁仟叁佰陆拾贰元伍角

交易摘要：委托收款 业务种类：其他

多方协议号：*****

中国银行平市迎宾路支行 2023年3月7日 电子回单专用章

经办： 复核： 授权：

【业务 13】上交税费

13–1/1

电子缴税凭证

打印日期 2023 年 03月07日

纳税人识别号	911308238552126456			税务征收机关	平市税务局第一分局		
纳税人全称	润泽机械有限公司			开户银行	中国银行平市迎宾路支行		
				银行账号	45645612345		
系统税票号	税（费）种	税目	所属时期起	所属时期止	实缴金额	缴款日期	备注
	个人所得税		2023.02.01	2023.02.28	552.68	2023.03.07	
	城建税		2023.02.01	2023.02.28	1 106.00	2023.03.07	
	教育费附加		2023.02.01	2023.02.28	474.00	2023.03.07	
	增值税		2023.02.01	2023.02.28	15 800.00	2023.03.07	
金额合计	（大写）壹万柒仟玖佰叁拾贰元陆角捌分				¥17 932.68		

国家税务总局平市税务局 征税专用

【业务 14】提现

14–1/1

中国银行（冀）
现金支票存根

支票号码 №0206148

附加信息____________________

出票日期： 2023 年 03 月 07 日

收款人：	润泽机械有限公司
金　额：	¥3 000.00
用　途：	备用金

单位主管 李东　　会计 程皓

【业务 15】贴现

15–1/1

中国银行贴现凭证(收账通知)

申请日期 2023 年03月08日

持票人	全称	润泽机械有限公司	贴现汇票	种类及号码	商业承兑汇票 56414345
	账号	45645612345		出票日	2023 年 1 月 22 日
	开户银行	中国银行平市迎宾路支行		到期日	2023 年 4 月 22 日

汇票承兑人	名称	天津市兴业商贸公司	账号	2135642100	开户行	建设银行天津市支行

汇票金额	千	百	十	万	千	百	十	元	角	分
人民币(大写)壹拾壹万叁仟元整		¥	1	1	3	0	0	0	0	0

年贴现率	贴现利息	实付贴现金额	千	百	十	万	千	百	十	元	角	分
6%	847.50			¥	1	1	2	1	5	2	5	0

备注 润泽机械有限公司 财务专用章 熙侯印恩 持票人盖章（预留印鉴）	备注: 中国银行平市迎宾路支行 2023年3月8日 业务清讫

此联是银行给贴现申请人的收账通知

【业务 16】交上月电费

16–1/3

河北增值税专用发票

全国统一发票监制 河北 国家税务总局监制

抵扣联

№.231564

开票日期：2023 年03月08日

购买方	名　　称：润泽机械有限公司 纳税人识别号：911308238552126456 地址、电话：平市迎宾路120号 6027648 开户行及账号：中国银行平市迎宾路支行45645612345	密码区	（略）

货物或应税劳务、服务名称	规格型号	单位	数量	单价	金额	税率	税额
工业用电		度	15600	0.70	10920.00	13%	1419.60
合　计					¥10920.00		¥1419.60
价税合计（大写）	⊗壹万贰仟叁佰叁拾玖元陆角				（小写）¥12339.60		

销售方	名　　称：国家电网河北电力有限公司平市供电公司 纳税人识别号：911256478512003214 地址、电话：平市城南路 218 号6234567 开户行及账号：工行平市支行 83834398392	备注	国家电网河北电力有限公司平市供电公司 发票专用章

收款人：李梅　　复核：韩冬　　开票人：刘宇　　销售方：（章）

第二联：抵扣联　购买方抵扣凭证

16–2/3

河北增值税专用发票

发票联

№.231564

开票日期：2023 年 03 月 08 日

购买方	名　　称：润泽机械有限公司 纳税人识别号：911308238552126456 地 址、电 话：平市迎宾路 120 号 6027648 开户行及账号：中国银行平市迎宾路支行 45645612345					密码区	（略）
货物或应税劳务、服务名称	规格型号	单位	数量	单价	金额	税率	税额
工业用电		度	15600	0.70	10920.00	13%	1419.60
合　计					¥10920.00		¥1419.60
价税合计（大写）	⊗壹万贰仟叁佰叁拾玖元陆角				（小写）¥12339.60		
销售方	名　　称：国家电网河北电力有限公司平市供电公司 纳税人识别号：911256478512003214 地 址、电 话：平市城南路218号6234567 开户行及账号：工行平市支行 83834398392					备注	

收款人：李梅　　复核：韩冬　　开票人：刘宇　　销售方：（章）

第三联：发票联　购买方记账凭证

16–3/3

中国银行（冀）

转账支票存根

支票号码　№016223

附加信息 ____________________

出票日期：　2023 年03月08日

收款人：	平市供电公司
金　额：	¥12 339.60
用　途：	支付电费

单位主管　李东　　　会计　程皓

【业务 17】领用材料

17–1/2

领　料　单

领料单位：生产车间

用途：调心球轴承 H304　　　2023 年 03 月 08 日　　　发料仓库：一号库

材料编号	名称及规格	计量单位	数量		单位成本	金额	备注
			请领	实发			
	不锈钢板	吨	50	50			
	碳铬钢	吨	30	30			

发料人：李佳静　　　　领料人：陈思源

记账联

17–2/2

领　料　单

领料单位：生产车间

用途：调心球轴承H305　　2023年03月08日　　发料仓库：一号库

材料编号	名称及规格	计量单位	数量		单位成本	金额	备注
			请领	实发			
	不锈钢板	吨	40	40			
	碳铬钢	吨	25	25			

记账联

发料人：王铭慧　　领料人：陈思源

【业务18】销售产品

18–1/1

河北增值税专用发票

№. 285621

记账联　　开票日期：2023年03月08日

<table>
<tr><td rowspan="4">购买方</td><td colspan="4">名　　称：郑州市机床厂</td><td rowspan="4">密码区</td><td colspan="3" rowspan="4">（略）</td></tr>
<tr><td colspan="4">纳税人识别号：912345679823450001</td></tr>
<tr><td colspan="4">地　址、电　话：郑州市安东街15号68759262</td></tr>
<tr><td colspan="4">开户行及账号：工行安东街支行 76345999</td></tr>
<tr><td colspan="2">货物或应税劳务、服务名称</td><td>规格型号</td><td>单位</td><td>数量</td><td>单价</td><td>金额</td><td>税率</td><td>税额</td></tr>
<tr><td colspan="2">调心球轴承</td><td>H305</td><td>箱</td><td>40</td><td>1000.00</td><td>40000.00</td><td>13%</td><td>5200.00</td></tr>
<tr><td colspan="2">合　计</td><td></td><td></td><td></td><td></td><td>¥40000.00</td><td></td><td>¥5200.00</td></tr>
<tr><td colspan="2">价税合计（大写）</td><td colspan="5">⊗肆万伍仟贰佰元整</td><td colspan="2">（小写）¥45200.00</td></tr>
<tr><td rowspan="4">销售方</td><td colspan="5">名　　称：润泽机械有限公司</td><td rowspan="4">备注</td><td colspan="2" rowspan="4"></td></tr>
<tr><td colspan="5">纳税人识别号：911308238552126456</td></tr>
<tr><td colspan="5">地　址、电　话：平市迎宾路120号6027648</td></tr>
<tr><td colspan="5">开户行及账号：中国银行平市迎宾路支行 45645612345</td></tr>
</table>

第一联：记账联　销售方记账凭证

收款人：　　复核：　　开票人：程皓　　销售方：（章）

【业务 19】付销售产品的运费

19–1/3

河北增值税专用发票

No. 326598

发票联

开票日期：2023 年03月08日

购买方	名　　称：润泽机械有限公司 纳税人识别号：911308238552126456 地 址、电 话：平市迎宾路 120号 6027648 开户行及账号：中国银行平市迎宾路支行 45645612345					密码区	（略）
货物或应税劳务、服务名称	规格型号	单位	数量	单价	金额	税率	税额
*运输服务*运费					300.00	9%	27.00
合　计					¥300.00		¥27.00
价税合计（大写）	⊗叁佰贰拾柒元整				（小写）¥327.00		
销售方	名　　称：平市东方货运中心 纳税人识别号：911308231977081033 地 址、电 话：平市南路24号6203456 开户行及账号：工行平市支行369258147					备注	平市东方货运中心 911308231977081033 发票专用章

收款人：王华　　复核：王宇飞　　开票人：林森　　销售方：（章）

第三联：发票联　购买方记账凭证

19–2/3

河北增值税专用发票

No. 326598

抵扣联

开票日期：2023 年03月08日

购买方	名　　称：润泽机械有限公司 纳税人识别号：911308238552126456 地 址、电 话：平市迎宾路 120号6027648 开户行及账号：中国银行平市迎宾路支行 45645612345					密码区	（略）
货物或应税劳务、服务名称	规格型号	单位	数量	单价	金额	税率	税额
*运输服务*运费					300.00	9%	27.00
合　计					¥300.00		¥27.00
价税合计（大写）	⊗叁佰贰拾柒元整				（小写）¥327.00		
销售方	名　　称：平市东方货运中心 纳税人识别号：911308231977081033 地 址、电 话：平市南路24号6203456 开户行及账号：工行平市支行369258147					备注	平市东方货运中心 911308231977081033 发票专用章

收款人：王华　　复核：王宇飞　　开票人：林森　　销售方：（章）

第二联：抵扣联　购买方抵扣凭证

19–3/3

中国银行 电汇凭证（回单）

委托日期　　2023 年 03 月 08 日　　　　第 789654 号

<table>
<tr><td rowspan="3">汇款人</td><td>全　称</td><td>润泽机械有限公司</td><td rowspan="3">收款人</td><td>全　称</td><td colspan="10">平市东方货运中心</td></tr>
<tr><td>账　号</td><td>45645612345</td><td>账　号</td><td colspan="10">369258147</td></tr>
<tr><td>汇出行</td><td>中国银行平市迎宾路支行</td><td>汇入行</td><td colspan="10">工行平市支行</td></tr>
<tr><td rowspan="2">金额</td><td colspan="3" rowspan="2">人民币（大写）叁佰贰拾柒元整</td><td>千</td><td>百</td><td>十</td><td>万</td><td>千</td><td>百</td><td>十</td><td>元</td><td>角</td><td>分</td></tr>
<tr><td></td><td></td><td></td><td></td><td>¥</td><td>3</td><td>2</td><td>7</td><td>0</td><td>0</td></tr>
<tr><td colspan="2">汇款用途</td><td colspan="2">付运费</td><td colspan="11">中国银行平市迎宾路支行 2023年3月8日 业务清讫
汇出行签章
复核　　记账</td></tr>
</table>

【业务 20】接受投资

20–1/2

资金投入合作协议

甲方：润泽机械有限公司（接受投资单位）

乙方：李素丽（投资方）身份证号：132624197209100038

本协议为资金入股投资合作合同，甲乙双方各负其责，以甲方现有实体为基础依托，甲方负责经营、经济、法律的全部管理责任。乙方以资金为公司项目融资，从而促进和改变甲方企业扩大生产经营问题，使企业尽快增资增收，实现共赢。甲乙双方协议如下：

第一条：乙方投资人民币伍拾万元作为入股资金，自合同签订之日交付现金到本公司账户。

第二条：未经甲方同意，乙方不得随意抽回投资。

第三条：乙方有权对甲方的日常经营管理进行监督，甲方应配合接受乙方的监督。

…………

甲方（盖章）：润泽机械有限公司　（润泽机械有限公司）（侯恩熙印）　　乙方（盖章）李素丽　（李素丽印）

法人代表：侯恩熙

2023 年 03月09日　　　　　　2023 年 03月09日

20-2/2

中国银行进账单（回单）　1

2023年03月09日　　　　第238号

收款人	全　称	润泽机械有限公司	付款人	全　称	李素丽
	账　号	45645612345		账　号	622007845121451
	开户银行	中国银行平市迎宾路支行		开户银行	建行平市文化路分理处

人民币（大写）伍拾万元整	百	十	万	千	百	十	元	角	分
	¥	5	0	0	0	0	0	0	0

票据种类	转账支票	票据张数	1
票据号码	889955		

复核：　记账：

中国银行平市迎宾路支行 2023年3月9日 业务清讫

收款人开户行盖章

此联是收款人开户行给收款人的回单或收账通知

【业务21】退回多收款

21-1/1

中国银行 电汇凭证（回单）

委托日期　2023年03月09日　第134567号

汇款人	全　称	润泽机械有限公司	收款人	全　称	郑州市机床厂
	账　号	45645612345		账　号	76345999
	汇出行	中国银行平市迎宾路支行		汇入行	工行安东街支行

金额	人民币（大写）肆仟捌佰元整	千	百	十	万	千	百	十	元	角	分
					¥	4	8	0	0	0	0

汇款用途	退预收款	中国银行平市迎宾路支行 2023年3月9日 业务清讫 汇出行签章 复核　记账

【业务 22】申请签发银行汇票

22–1/1

中国银行业务委托书

申请日期 2023 年 03 月 09 日

业务类型：□行内转账　□电汇　☑银行汇票　□银行本票　□其他：											
付款人账号：45645612345											
付款人名称：润泽机械有限公司											
收款人账号：56458441	支付密码：										
收款人名称：唐山钢铁集团公司											
收款行（代理付款行）行名或行号：唐山铁西路 28 号											
人民币（大写）伍万元整	亿	千	百	十	万	千	百	十	元	角	分
				¥	5	0	0	0	0	0	0
预留印鉴（润泽机械有限公司 财务专用章）	附加信息或备注：（熙侯印恩）										

第二联　企业留存

【业务 23】购买原料

23–1/5

河北增值税专用发票

发票联

№. 986532

开票日期：2023 年 03月 10 日

购买方	名称：润泽机械有限公司 纳税人识别号：911308238552126456 地址、电话：平市迎宾路120号 6027648 开户行及账号：中国银行平市迎宾路支行 45645612345				密码区	（略）	
货物或应税劳务、服务名称	规格型号	单位	数量	单价	金额	税率	税额
碳铬钢		吨	10	3000.00	30000.00	13%	3900.00
合计					¥30000.00		¥3900.00
价税合计（大写）	⊗叁万叁仟玖佰元整　（小写）¥33900.00						
销售方	名称：唐山钢铁集团公司 纳税人识别号：915632323565648478 地址、电话：唐山铁西路28号 745862310 开户行及账号：工行唐山分理处 56458441				备注	（唐山钢铁集团公司 915632323565648478 发票专用章）	

收款人：　复核：　开票人：张翔　销售方：（章）

第三联：发票联　购买方记账凭证

23-2/5

河北增值税专用发票

№. 986532

抵扣联

开票日期：2023 年03月 10 日

购买方	名　　　称：润泽机械有限公司 纳税人识别号：911308238552126456 地　址、电　话：平市迎宾路120号6027648 开户行及账号：中国银行平市迎宾路支行45645612345				密码区	（略）	
货物或应税劳务、服务名称	规格型号	单位	数量	单价	金额	税率	税额
碳铬钢		吨	10	3000.00	30000.00	13%	3900.00
合　计					¥30000.00		¥3900.00
价税合计（大写）	⊗叁万叁仟玖佰元整				（小写）¥33900.00		
销售方	名　　　称：唐山钢铁集团公司 纳税人识别号：915632323565648478 地　址、电　话：唐山铁西路28号745862310 开户行及账号：工行唐山分理处56458441				备注	唐山钢铁集团公司 915632323565648478 发票专用章	

收款人：　　复核：　　开票人：张翔　　销售方：（章）

第二联：抵扣联　购买方抵扣凭证

23-3/5

河北增值税专用发票

№. 328977

发票联

开票日期：2023 年03月 10 日

购买方	名　　　称：润泽机械有限公司 纳税人识别号：911308238552126456 地　址、电　话：平市迎宾路120号 6027648 开户行及账号：中国银行平市迎宾路支行45645612345				密码区	（略）	
货物或应税劳务、服务名称	规格型号	单位	数量	单价	金额	税率	税额
*运输服务 *运费					3000.00	9%	270.00
合　计					¥3000.00		¥270.00
价税合计（大写）	⊗叁仟贰佰柒拾元整				（小写）¥ 3270.00		
销售方	名　　　称：唐山货运中心 纳税人识别号：911234567895521444 地　址、电　话：唐山南路126号　62566231 开户行及账号：工行唐山市支行622012345				备注	唐山货运中心 911234567895521444 发票专用章	

收款人：李强　　复核：王飞　　开票人：王东　　销售方：（章）

第三联：发票联　购买方记账凭证

23–4/5

河北增值税专用发票

抵扣联

№. 328977

开票日期：2023 年03月 10 日

<table>
<tr><td rowspan="4">购买方</td><td colspan="5">名　　　称：润泽机械有限公司</td><td rowspan="4">密码区</td><td colspan="2" rowspan="4">（略）</td></tr>
<tr><td colspan="5">纳税人识别号：911308238552126456</td></tr>
<tr><td colspan="5">地　址、电　话：平市迎宾路120号6027648</td></tr>
<tr><td colspan="5">开户行及账号：中国银行平市迎宾路支行45645612345</td></tr>
<tr><td colspan="2">货物或应税劳务、服务名称</td><td>规格型号</td><td>单位</td><td>数量</td><td>单价</td><td>金额</td><td>税率</td><td>税额</td></tr>
<tr><td colspan="2">*运输服务
*运费</td><td></td><td></td><td></td><td></td><td>3000.00</td><td>9%</td><td>270.00</td></tr>
<tr><td colspan="2">合　计</td><td></td><td></td><td></td><td></td><td>¥3000.00</td><td></td><td>¥270.00</td></tr>
<tr><td colspan="2">价税合计（大写）</td><td colspan="7">⊗叁仟贰佰柒拾元整　　　　（小写）¥ 3270.00</td></tr>
<tr><td rowspan="4">销售方</td><td colspan="5">名　　　称：唐山货运中心</td><td rowspan="4">备注</td><td colspan="2" rowspan="4">唐山货运中心 911234567895521444 发票专用章</td></tr>
<tr><td colspan="5">纳税人识别号：911234567895521444</td></tr>
<tr><td colspan="5">地　址、电　话：唐山南路126号62566231</td></tr>
<tr><td colspan="5">开户行及账号：工行唐山市支行622012345</td></tr>
</table>

收款人：李强　　复核：王飞　　开票人：王东　　销售方：（章）

第二联：抵扣联　购买方抵扣凭证

23–5/5

中国工商银行

银行汇票（多余款收账通知）5

付款期限 壹个月

第 46 号

出票日期(大写) 贰零贰叁年 叁 月 零玖 日

代理付款行：　　　　行号

<table>
<tr><td colspan="2">收款人：　唐山钢铁集团公司</td><td colspan="10">账号：56458441</td></tr>
<tr><td colspan="12">出票金额：人民币（大写）伍万元整</td></tr>
<tr><td colspan="2" rowspan="2">实际结算金额
人民币(大写)叁万柒仟壹佰柒拾元整</td><td>千</td><td>百</td><td>十</td><td>万</td><td>千</td><td>百</td><td>十</td><td>元</td><td>角</td><td>分</td></tr>
<tr><td></td><td></td><td>¥</td><td>3</td><td>7</td><td>1</td><td>7</td><td>0</td><td>0</td><td>0</td></tr>
</table>

申请人：润泽机械有限公司　　　账号：45645612345

出票行：中国银行平市迎宾路支行

备　注：购买钢板

凭票付款

出票行盖章

（印章：中国银行平市迎宾路支行 汇票专用章；华庞印雨）

密押									
多余金额									
千	百	十	万	千	百	十	元	角	分
		¥	1	2	8	3	0	0	0

此联是出票行结清余款后交申请人

【业务24】交上月水费

24–1/3

河北增值税专用发票

No 147147

抵扣联 开票日期：2023年03月10日

购买方	名　　称：润泽机械有限公司 纳税人识别号：911308238552126456 地址、电话：平市迎宾路120号6027648 开户行及账号：中国银行平市迎宾路支行 45645612345					密码区	（略）
货物或应税劳务、服务名称	规格型号	单位	数量	单价	金额	税率	税额
工业用水		吨	490	5.00	2450.00	13%	318.50
合　计					¥2450.00		¥318.50
价税合计（大写）	⊗贰仟柒佰陆拾捌元伍角				（小写）¥2768.50		
销售方	名　　称：平市水务公司 纳税人识别号：911232122233665454 地址、电话：平市北城区中路321号 开户行及账号：平市工商银行121352315				备注		

收款人：李敏　　复核：张东　　开票人：于小明　　销售方：（章）

第二联：抵扣联 购买方抵扣凭证

24–2/3

河北增值税专用发票

No 147147

发票联 开票日期：2023年03月10日

购买方	名　　称：润泽机械有限公司 纳税人识别号：911308238552126456 地址、电话：平市迎宾路120号6027648 开户行及账号：中国银行平市迎宾路支行 45645612345					密码区	（略）
货物或应税劳务、服务名称	规格型号	单位	数量	单价	金额	税率	税额
工业用水		吨	490	5.00	2450.00	13%	318.50
合　计					¥2450.00		¥318.50
价税合计（大写）	⊗贰仟柒佰陆拾捌元伍角				（小写）¥2768.50		
销售方	名　　称：平市水务公司 纳税人识别号：911232122233665454 地址、电话：平市北城区中路321号 开户行及账号：平市工商银行121352315				备注		

收款人：李敏　　复核：张东　　开票人：于小明　　销售方：（章）

第三联：发票联 购买方记账凭证

24-3/3

中 国 银 行（冀）

转账支票存根

支票号码　№016224

附加信息 ______________________

____

出票日期：　2023 年03月10日

收款人：	平市水务公司
金　额：	¥2 768.50
用　途：	支付水费

单位主管　李东　　　会计　程皓

【业务 25】领用材料

25-1/2

领　料　单

领料单位：生产车间　　　　　记账联

用途：调心球轴承 H304　　2023 年 03 月 10 日　　　发料仓库：一号库

材料编号	名称及规格	计量单位	数量		单位成本	金额	备注
			请领	实发			
	碳铬钢	吨	30	30			

发料人：王铭慧　　　　　　领料人：陈思源

25-2/2

领　料　单

领料单位：生产车间

用途：调心球轴承 H305　　2023 年03月10日　　发料仓库：一号库

材料编号	名称及规格	计量单位	数量		单位成本	金额	备注
			请领	实发			
	碳铬钢	吨	25	25			

发料人：王铭慧　　　　　　领料人：陈思源

【业务 26】还欠款

26–1/1

中国银行 电汇凭证（回单）

委托日期 2023 年 03 月 11 日 第 789654 号

汇款人	全　称	润泽机械有限公司	收款人	全　称	河北省平市纸箱厂
	账　号	45645612345		账　号	130262223111
	汇出行	中国银行平市迎宾路支行		汇入行	平市工商银行

金额	人民币（大写）壹万陆仟玖佰伍拾元整	千	百	十	万	千	百	十	元	角	分
				¥	1	6	9	5	0	0	0

汇款用途	付欠款	汇出行签章 复核　记账

中国银行平市迎宾路支行
2023年3月11日
业务清讫

【业务 27】领用材料

27–1/1

领　料　单

领料单位：生产车间

用途：一般耗用　　2023 年 03 月 11 日　　发料仓库：一号库

材料编号	名称及规格	计量单位	数量		单位成本	金额	备注
			请领	实发			
	不锈钢板	吨	1	1			

记账联

发料人：王铭慧　　领料人：陈思源

【业务 28】领用材料

28–1/2

领　料　单

领料单位：生产车间

用途：调心球轴承 H304　　2023 年 03月 11日　　发料仓库：一号库

材料编号	名称及规格	计量单位	数量		单位成本	金额	备注
			请领	实发			
	润滑油	桶	40	40			

记账联

发料人：王铭慧　　领料人：陈思源

28–2/2

领 料 单

领料单位：生产车间

用途：调心球轴承 H305　　2023 年 03 月 11 日　　发料仓库：一号库

材料编号	名称及规格	计量单位	数量		单位成本	金额	备注
			请领	实发			
	润滑油	桶	50	50			

记账联

发料人：王铭慧　　领料人：陈思源

【业务 29】材料入库

29–1/1

收 料 单

供货单位：唐山钢铁集团公司　　记账联　　编号：12356

发票号码：986532　　2023 年 03 月 12 日　　收货仓库：一号库

材料类别	名称及规格	计量单位	数量		运费	实际成本	
			应收	实收		单价	金额
	碳铬钢	吨	10	10	3 000.00	3 300.00	33 000.00

【业务 30】

30–1/1

中国银行 电汇凭证（收账通知）

委托日期　2023 年 03 月 12 日　　第 723400 号

汇款人	全称	金茗商贸公司	收款人	全称	润泽机械有限公司									
	账号	95488549		账号	45645612345									
	汇出行	汇丰银行福佑路支行		汇入行	中国银行平市迎宾路支行									
金额	人民币（大写）贰万陆仟陆佰元整			千	百	十	万	千	百	十	元	角	分	
						¥	2	6	6	0	0	0	0	
汇款用途	还欠款			汇出行签章 复核　记账										

中国银行平市迎宾路支行　2023年3月12日　业务清讫

【业务 31】还欠款

31–1/1

中 国 银 行（冀）

转账支票存根

支票号码　№016225

附加信息：

出票日期：　2023 年03月　12 日

收款人：	首都钢铁总公司
金　额：	¥192 550.00
用　途：	还欠款

单位主管　李东　　　会计　程皓

【业务 32】预借差旅费

32–1/1

借　款　单

2023 年 03月 12 日

借款部门：行政部		借款人：于丽杰
借款理由：参加会议		
借款数额：人民币（大写）壹仟元整　¥1 000. 00		
本单位负责人意见：同意 侯恩熙	主管审批：李东	借款人（签章）：于丽杰

润泽机械有限公司 财务专用章

现金付讫

【业务 33】借入长期借款

33–1/1

中国银行　借款借据

2023 年03月 12 日

借款企业名称	润泽机械有限公司	结算账号	45645612345			贷款户账号			45645612345						
贷款用途	建造厂房		贷款种类			长期借款									
还本付息方式			按月计提按季支付利息，到期还本。												
借款金额	人民币		千	百	十	万	千	百	十	元	角	分			
	（大写）叁拾万元整			¥	3	0	0	0	0	0	0	0			
银行审查意见	到期日	2025 年 03 月 12 日	年利率	9%											
同意　盖章	二年期借款　（银行盖章）　2023 年 03 月 12 日														

中国银行平市迎宾路支行 45645612345

中国银行平市迎宾路支行 2023年3月12日 业务清讫

【业务 34】购入机床

34–1/4

青海增值税专用发票　　№ 324563

抵扣联　　开票日期：2023 年 03 月 13 日

购买方	名　　称：润泽机械有限公司 纳税人识别号：911308238552126456 地址、电话：平市迎宾路 120 号 6027648 开户行及账号：中国银行平市迎宾路支行 45645612345					密码区	（略）
货物或应税劳务、服务名称	规格型号	单位	数量	单价	金额	税率	税额
机床	HB 型	台	1	50000.00	50000.00	13%	6500.00
合　计					¥50000.00		¥6500.00
价税合计（大写）	⊗伍万陆仟伍佰元整				（小写）¥56500.00		
销售方	名　　称：西宁设备有限公司 纳税人识别号：913506030011133363 地址、电话：西宁市长江路 251 号 开户行及账号：工行长江路支行 1603005836380778 83					备注	西宁设备有限公司 913506030011133363 发票专用章

收款人：张颖　　复核：李思　　开票人：刘玉　　销售方：（章）

第二联：抵扣联　购买方抵扣凭证

34–2/4

青海增值税专用发票　　№ 324563

发票联　　开票日期：2023 年 03 月 13 日

购买方	名　　称：润泽机械有限公司 纳税人识别号：911308238552126456 地址、电话：平市迎宾路 120 号 6027648 开户行及账号：中国银行平市迎宾路支行 45645612345					密码区	（略）
货物或应税劳务、服务名称	规格型号	单位	数量	单价	金额	税率	税额
机床	HB 型	台	1	50000.00	50000.00	13%	6500.00
合　计					¥50000.00		¥6500.00
价税合计（大写）	⊗伍万陆仟伍佰元整				（小写）¥56500.00		
销售方	名　　称：西宁设备有限公司 纳税人识别号：913506030011133363 地址、电话：西宁市长江路 251 号 开户行及账号：工行长江路支行 1603005836380778 83					备注	西宁设备有限公司 913506030011133363 发票专用章

收款人：张颖　　复核：李思　　开票人：刘玉　　销售方：（章）

第三联：发票联　购买方记账凭证

34–3/4

固定资产验收单

2023年03月13日

设备名称	型号	供应商或厂家		出厂日期	开始使用日期	使用部门
机床	HB 型	西宁设备有限公司		2023.3.1	2023.3.13	生产车间
使用年限	净残值率	折旧方法			原值	可抵扣税额
10年	4%	平均年限法（一）			50 000.00	6 500.00
使用部门负责人		安装负责人			验收部门负责人	
陈思源		赵怡铭			张晓雯	

34–4/4

中国银行（冀）

转账支票存根

支票号码　№016226

附加信息 ________

出票日期：　2023年03月13日

收款人：	西宁设备有限公司
金　额：	¥56 500.00
用　途：	购买设备

单位主管　李东　　会计　程皓

【业务35】付修理费

35–1/3

河北增值税专用发票

№. 328977

发票联　　开票日期：2023年03月13日

购买方	名称：润泽机械有限公司 纳税人识别号：911308238552126456 地址、电话：平市迎宾路120号6027648 开户行及账号：中国银行平市迎宾路支行45645612345					密码区	（略）
货物或应税劳务、服务名称	规格型号	单位	数量	单价	金额	税率	税额
*劳务*汽车修理费					1061.95	13%	138.05
合　计					¥1061.95		¥138.05
价税合计（大写）	⊗壹仟贰佰元整				（小写）¥1200.00		
销售方	名称：平市老蒋汽车修理公司 纳税人识别号：130823197408200056 地址、电话：平市西城区34号03146027770 开户行及账号：工行平市西城支行1603005836802312					备注	平市老蒋汽车修理公司 130823197408200056 发票专用章

收款人：张一招　　复核：张伟　　开票人：林大兴　　销售方：（章）

第三联：发票联　购买方记账凭证

35–2/3

河北增值税专用发票

No. 328977

抵扣联　　开票日期：2023 年 03 月 13 日

购买方	名　　称：润泽机械有限公司 纳税人识别号：911308238552126456 地 址、电 话：平市迎宾路120号6027648 开户行及账号：中国银行平市迎宾路支行 45645612345						密码区	（略）
货物或应税劳务、服务名称	规格型号	单位	数量	单价	金额		税率	税额
*劳务*汽车修理费					1061.95		13%	138.05
合　计					¥1061.95			¥138.05
价税合计（大写）	⊗壹仟贰佰元整				（小写）¥1200.00			
销售方	名　　称：平市老蒋汽车修理公司 纳税人识别号：130823197408200056 地 址、电 话：平市西城区34 号 03146027770 开户行及账号：工行平市西城支行1603005836802312					备注	平市老蒋汽车修理公司 130823197408200056 发票专用章	

收款人：张一招　　复核：张伟　　开票人：林大兴　　销售方：（章）

第二联：抵扣联　购买方抵扣凭证

35–3/3

中 国 银 行（冀）

转账支票存根

支票号码　№016227

附加信息

出票日期：　2023 年 03月13 日

收款人：	平市老蒋汽车修理公司
金　额：	¥1 200.00
用　途：	支付汽车修理费

单位主管　李东　　会计　程皓

【业务 36】销售产品

36–1/4

河北增值税专用发票

记账联

No. 285622

开票日期：2023年03月13日

购买方	名　　称：北方机械厂 纳税人识别号：913728203049485738 地 址、电 话：长春市幸福路274号6523532 开户行及账号：农业银行长春市支行273829				密码区	（略）	
货物或应税劳务、服务名称	规格型号	单位	数量	单价	金额	税率	税额
调心球轴承	H304	箱	200	900.00	180 000.00	13%	23400.00
合　计					¥180 000.00		¥23400.00
价税合计（大写）	⊗贰拾万零叁仟肆佰元整				（小写）¥203400.00		
销售方	名　　称：润泽机械有限公司 纳税人识别号：911308238552126456 地 址、电 话：平市迎宾路120号6027648 开户行及账号：中国银行平市迎宾路支行45645612345				备注		

收款人：　　复核：　　开票人：程皓　　销售方(章)

第一联：记账联　销售方记账凭证

36–2/4

河北增值税专用发票

发票联

No. 328990

开票日期：2023年03月13日

购买方	名　　称：北方机械厂 纳税人识别号：913728203049485738 地 址、电 话：长春市幸福路274号6523532 开户行及账号：农业银行长春市支行273829				密码区	（略）	
货物或应税劳务、服务名称	规格型号	单位	数量	单价	金额	税率	税额
*运输服务*运费					150.00	9%	13.50
合　计					¥150.00		¥13.50
价税合计（大写）	⊗壹佰陆拾叁元伍角整				（小写）¥163.50		
销售方	名　　称：平市东方货运中心 纳税人识别号：911308231977081033 地 址、电 话：平市南路24号6203456 开户行及账号：工行平市支行369258147				备注	平市东方货运中心 911308231977081033 发票专用章	

收款人：王华　　复核：王宇飞　　开票人：林森　　销售方（章）：

第三联：发票联　购买方记账凭证

(抵扣联略)

36–3/4

中国银行（冀） 转账支票存根	
支票号码	№016228
附加信息	
出票日期：	2023 年03月13 日
收款人：	平市东方货运中心
金　额：	¥163.50
用　途：	垫付运费
单位主管　李东	会计　程皓

36–4/4

托 收 凭 证（受理回单）　　1

委托日期　　2023 年03月 13 日

<table>
<tr><td colspan="2">业 务 类 型</td><td colspan="3">委托收款（□邮划☑电划）</td><td colspan="11">托收承付（□邮划 □电划）</td></tr>
<tr><td rowspan="3">付款人</td><td>全　　称</td><td>北方机械厂</td><td rowspan="3">收款人</td><td>全　　称</td><td colspan="11">润泽机械有限公司</td></tr>
<tr><td>账　　号</td><td>273829</td><td>账　　号</td><td colspan="11">45645612345</td></tr>
<tr><td>开户银行</td><td>农业银行长春市支行</td><td>开户银行</td><td colspan="11">中国银行平市迎宾路支行</td></tr>
<tr><td rowspan="2">金额</td><td colspan="4" rowspan="2">人民币（大写）贰拾万叁仟伍佰陆拾叁元伍角</td><td>百</td><td>十</td><td>万</td><td>千</td><td>百</td><td>十</td><td>元</td><td>角</td><td>分</td></tr>
<tr><td>¥</td><td>2</td><td>0</td><td>3</td><td>5</td><td>6</td><td>3</td><td>5</td><td>0</td></tr>
<tr><td>款项内容</td><td>销货款</td><td>托收凭证名称</td><td colspan="2">增值税发票</td><td colspan="5">附寄单证张数</td><td colspan="6">3 张</td></tr>
<tr><td colspan="3">商品发运情况</td><td colspan="2">已发运</td><td colspan="5">合同号码</td><td colspan="6">0038111</td></tr>
<tr><td colspan="3">备注：
复核　记账</td><td colspan="2">款项收妥日期
年　月　日</td><td colspan="11">收款人开户银行盖章
（印章：中国银行平市迎宾路支行 2023年03月13日 业务清讫）</td></tr>
</table>

此联作收款人开户银行给收款单位的受理回单

【业务 37】报销差旅费

37–1/2

差 旅 费 报 销 单

2023 年 03 月 14 日

部门名称	行政部		姓名	于丽杰		职务		职员	
出差事由：参加会议									
出差起止日期：2023 年 03 月 12 日至 2023 年 03 月 13 日共 2 天 附单据 3 张									
日期		起讫地点		交通		住宿费用	出差补助	其他费用	小计
月	日	出发地点	到达地点	工具	金额				
2	28	平市	北京市	高铁	215.00	410.00	360.00		985.00
3	4	北京市	平市	高铁	215.00				215.00
合 计					430.00	410.00	360.00		1 200.00
合计金额人民币（大写）壹仟贰佰元整 ¥1 200.00									
原借款项 1 000.00元			补付现金 200.00 元			退回现金 ___元		领款人签字：于丽杰	

领导审批：侯思熙　　　　财务主管：李东

37–2/2

现金付出凭证

2023 年 03 月 14 日　　　　第 65 号

付款用途：差旅费补付 款		
人民币（大写）贰佰元整 ¥ 200.00		现金付讫
领款人（签名）于丽杰		

（印章：海泽机械有限公司 财务专用章）

财务主管：李东　　　　会计：程皓　　　　出纳：李凌云

【业务38】购买股票

38–1/1

财达证券成交过户交割单

2023年03月14日

日期：2023.03.14	成交证券：凌钢
股东账号：45645612345	成交数量（股）6000
股东名称：润泽机械有限公司	成交价格（元）10.00
股票代码：198	成交金额（元）60 000.00
股票名称：凌钢股份	标准佣金（元）180.00
买卖方向：买入	过户费用（元）10.00
申请编号：575	印花税（元）120.00
申报时间：10:25:15	备注：含有已宣告未领取现金股利2 000元
成交时间：10:45:15	实付金额（元）62 310.00
上次余额：0	
本次成交：6000股	打印时间：2023年03月14日
本次余额：6000股	

客户联

经办单位：财达证券平市营业部　　客户签章：侯恩熙

（印章：财达证券平市营业部）

【业务39】支付工程款

39–1/3

河北增值税专用发票

№ 478599

发票联　　开票日期：2023年03月14日

购买方	名称：润泽机械有限公司 纳税人识别号：911308238552126456 地址、电话：平市迎宾路120号6027648 开户行及账号：中国银行平市迎宾路支行45645612345				密码区	（略）	
货物或应税劳务、服务名称	规格型号	单位	数量	单价	金额	税率	税额
*建筑服务*工程服务					550458.72	9%	49541.28
合计					¥550458.72		¥49541.28
价税合计（大写）	⊗陆拾万元整				（小写）¥600000.00		
销售方	名称：平市恒信建筑公司 纳税人识别号：911308060300113448 地址、电话：平市东城路170号9027652 开户行及账号：平市东城路支行62976547				备注	（印章：平宁恒信建筑公司 911308060300113448 发票专用章）	

第三联：发票联　购买方记账凭证

收款人：张平　　复核：李梦　　开票人：关彤　　销售方：（章）

39–2/3

河北增值税专用发票

№ 478599

抵扣联　　开票日期：2023 年 03 月 14 日

购买方	名　　称：润泽机械有限公司 纳税人识别：911308238552126456 地址、电话：平市迎宾路120号 6027648 开户行及账号：中国银行平市迎宾路支行45645612345					密码区	（略）
货物或应税劳务、服务名称	规格型号	单位	数量	单价	金额	税率	税额
*建筑服务 *工程服务					550458.72	9%	49541.28
合　计					¥550458.72		¥49541.28
价税合计（大写）	⊗陆拾万元整				（小写）¥600000.00		
销售方	名　　称：平市恒信建筑公司 纳税人识别：911308060300113448 地址、电话：平市东城路 170 号9027652 开户行及账号：平市东城路支行62976547					备注	平市恒信建筑公司 911308060300113448 发票专用章

收款人：张平　　复核：李梦　　开票人：关彤　　销售方：（章）

第二联：抵扣联　购买方抵扣凭证

39–3/3

中 国 银 行（冀）

转账支票存根

支票号码　№016229

附加信息 ______________________

出票日期：　2023 年 03 月 14 日

收款人：	平市恒信建筑公司
金　额：	¥600 000.00
用　途：	支付工程款

单位主管　李东　　会计　程皓

【业务40】发职工困难补助

40-1/1

职工困难补助申请

2023年03月14日

申请人姓名	张委	部门	生产车间
申请金额	壹仟元整	月工资	4 868.25元
申请理由	孩子病重 现金付讫		
车间主任意见	情况属实，建议补助贰仟元整	厂工会批示	同意工会小组的意见
人民币（大写）壹仟元整		¥1 000.00	
领导签字：侯恩熙	财务经理：李东	签收人签字：张委	

【业务41】领用包装纸箱、胶带

41-1/2

领　料　单

领料单位：生产车间

用途：调心球轴承H304　　2023年03月14日　　发料仓库：二号库

材料编号	名称	计量单位	数量		单位成本	金额	备注
			请领	实发			
	包装纸箱	个	1 000	1 000	3.00	3 000.00	
	胶带	卷	200	200	2.00	400.00	

记账联

发料人：李佳静　　领料人：许洪翔

41-2/2

领　料　单

领料单位：生产车间

用途：调心球轴承H305　　2023年03月14日　　发料仓库：二号库

材料编号	名称	计量单位	数量		单位成本	金额	备注
			请领	实发			
	包装纸箱	个	900	900	3.00	2 700.00	
	胶带	卷	150	150	2.00	300.00	

记账联

发料人：李佳静　　领料人：许洪翔

【业务 42】支付押金

42–1/1

中国银行 电汇凭证（回单）

委托日期　2023 年 03 月 15 日　　第 789987 号

汇款人	全　称	润泽机械有限公司	收款人	全　称	河北省平市纸箱厂
	账　号	45645612345		账　号	130262223111
	汇出行	中国银行平市迎宾路支行		汇入行	平市工商银行

金额	人民币（大写）贰仟元整	千	百	十	万	千	百	十	元	角	分
					¥	2	0	0	0	0	0

汇款用途	支付押金	汇出行签章 复核　记账

中国银行平市迎宾路支行
2023年3月15日
业务清讫

【业务 43】支付高速费

43–1/1

河北增值税电子普通发票

全国统一发票监制 国家税务总局监制

№ 23125654
开票日期：2023 年 03 月 15 日

购买方	名　称：润泽机械有限公司 纳税人识别：911308238552126456 地址、电话：平市迎宾路 120 号 6027648 开户行及账号：中国银行平市迎宾路支行45645612345	密码区（略）

货物或应税劳务、服务名称	车牌号	车型	通行日期起	通行日期止	金额	税率	税额
*经营租赁*通行费	冀HRF021	轿车	20230315	20230315	48.54	3%	1.46
合　计					¥48.54		¥1.46
价税合计（大写）	⊗伍拾元整			（小写）¥50.00			

销售方	名　称：承德市公路发展集团有限公司 纳税人识别：911012345632103214 地址、电话：承德市双峰寺21234568 开户行及账号：承德银行双峰寺分理处3468322560	备注

现金付讫

收款人：张颖　　复核：李池　　开票人：高兴　　销售方：（章）

【业务 44】收机床租金

44–1/2

收　　据

2023 年 03 月 15 日　　　　编号：2354

今收到　平市机械设备股份有限公司

交　来　本月机床租赁费

金　额（大写）　捌佰元整　　　　¥ 800.00

复核：　　　　出纳：李凌云　　　　经手人：冯丽娜

44–2/2

河北增值税专用发票

№ 478600

存根联　　　　开票日期：　2023 年 03 月 15 日

购买方	名　　　称：平市机械设备股份有限公司 纳税人识别号：911308238552126456 地 址、电 话：平市沙坨子镇 120 号 60255566 开户行及账号：平市沙坨子镇信用社 9102280862234				密码区	（略）	
货物或应税劳务、服务名称	规格型号	单位	数量	单价	金额	税率	税额
*经营租赁*机床租赁费					707.95	13%	92.05
合　计					¥707.95		¥92.05
价税合计（大写）	⊗捌佰元整				（小写）¥800.00		
销售方	名　　　称：润泽机械有限公司 纳税人识别号：911308238552126456 地 址、电 话：平市迎宾路120号 6027648 开户行及账号：中国银行平市迎宾路支行 45645612345				备注		

第一联：存根联　销售方记账凭证

收款人：李凌云　　　复核：李东　　　开票人：程皓　　　销售方：（章）

【业务 45】支付培训费

45–1/1

河北增值税普通发票

发票联

No. 328979

开票日期：2023 年 03 月 15 日

购买方	名　　称：润泽机械有限公司 纳税人识别号：911308238552126456 地 址、电 话：平市迎宾路 120 号 6027648 开户行及账号：中国银行平市迎宾路支行 45645612345	密码区：（略）

货物或应税劳务、服务名称	规格型号	单位	数量	单价	金额	税率	税额
*教育医疗服务*培训费					141.50	6%	8.50
合　计					¥141.50		¥8.50
价税合计（大写）	⊗壹佰伍拾元整				（小写）¥150.00		

销售方	名　　称：红光培训学校 纳税人识别号：130882319780230 5687 地 址、电 话：平市南大街 123 号 6273067 开户行及账号：工行平市南大街支行 16030837595557	备注：红光培训学校 1308823197802305687 发票专用章

收款人：李丽　　复核：李东　　开票人：张大勇　　销售方：（章）

现金付讫

第二联：发票联　购买方记账凭证

【业务 46】支付广告费

46–1/3

河北增值税专用发票

发票联

No. 209235

开票日期：2023 年 03 月 15 日

购买方	名　　称：润泽机械有限公司 纳税人识别号：911308238552126456 地 址、电 话：平市迎宾路 120 号 6027648 开户行及账号：中国银行平市迎宾路支行 45645612345	密码区：（略）

货物或应税劳务、服务名称	规格型号	单位	数量	单价	金额	税率	税额
*文化创意服务*广告服务					1886.79	6%	113.21
合　计					¥1886.79		¥113.21
价税合计（大写）	⊗贰仟元整				（小写）¥2000.00		

销售方	名　　称：平市电视台 纳税人识别号：916572341252367896 地 址、电 话：平市新桥路 34 号 6637627 开户行及账号：工商银行平市新桥路支行 678889	备注：平市电视台 916572341252367896 发票专用章

收款人：王强　　复核：张心　　开票人：李敏　　销售方：（章）

第三联：发票联　购买方记账凭证

46–2/3

河北增值税专用发票

抵扣联

№. 209235

开票日期：2023年03月15日

购买方	名　　称：润泽机械有限公司 纳税人识别号：911308238552126456 地 址、电 话：平市迎宾路120号6027648 开户行及账号：中国银行平市迎宾路支行45645612345					密码区	（略）	
货物或应税劳务、服务名称	规格型号	单位	数量	单价	金额	税率	税额	
*文化创意服务*广告服务					1886.79	6%	113.21	
合　计					¥1886.79		¥113.21	
价税合计（大写）	⊗贰仟元整				（小写）¥2000.00			
销售方	名　　称：平市电视台 纳税人识别号：916572341252367896 地 址、电 话：平市新桥路34号6637627 开户行及账号：工商银行平市新桥路支行678889				备注	平市电视台 916572341252367896 发票专用章		

第二联：抵扣联 购买方抵扣凭证

收款人：王强　　复核：张心　　开票人：李敏　　销售方：（章）

46–3/3

中国银行（冀）

转账支票存根

支票号码　№016230

附加信息 ______

出票日期：2023年03月15日

收款人：	平市电视台
金　额：	¥2 000.00
用　途：	支付广告费

单位主管　李东　　会计　程皓

【业务 47】销售产品

47–1/2

河北增值税专用发票

第一联 记账联

№. 285623

开票日期 2023 年 03 月 16 日

购买方	名　　称：金茗商贸公司 纳税人识别号：945356438076547907 地 址、电 话：济南市明珠大街 65 号 57854433 开户行及账号：汇丰银行福佑路支行 95488549	密码区	（略）

货物或应税劳务、服务名称	规格型号	单位	数量	单价	金额	税率	税额
调心球轴承	H304	箱	45	900.00	40500.00	13%	5265.00
调心球轴承	H305	箱	100	1000.00	100000.00	13%	13000.00
合　计					¥140500.00		¥18265.00
价税合计（大写）	⊗壹拾伍万捌仟柒佰陆拾伍元整				（小写）¥ 158765.00		

销售方	名　　称：润泽机械有限公司 纳税人识别号：911308238552126456 地 址、电 话：平市迎宾路120号 6027648 开户行及账号：中国银行平市迎宾路支行45645612345	备注	

收款人：　　复核：李东　　开票人：程皓　　销售方：（章）

第一联：记账联　销售方记账凭证

47–2/2

托 收 凭 证（受理回单）　　1

委托日期　2023 年 03 月 16 日　　№. 7812

业务类型	委托收款（☐邮划☐电划）　托收承付（☐邮划☑电划）				
付款人 全称	金茗商贸公司		收款人 全称	润泽机械有限公司	
付款人 账号	95488549		收款人 账号	4564561234	
付款人 开户银行	汇丰银行福佑路支行		收款人 开户银行	中国银行平市迎宾路支行	
金额	人民币（大写）壹拾伍万捌仟柒佰陆拾伍元整			百十万千百十元角分 ¥ 1 5 8 7 6 5 0 0	
款项内容	销货款	托收凭证名称	增值税发票	附寄单证张数	2 张
商品发运情况		已发运		合同号码	202303016
复核　　记账		款项收妥日期 年　月　日		收款人开户银行盖章	

中国银行平市迎宾路支行 2023年03月16日 业务清讫

此联作收款人开户银行给收款人的受理回单

【业务 48】支付运费

48–1/3

河北增值税专用发票　　№.356410

发 票 联　　开票日期：2023 年03月 16 日

购买方	名　　称：润泽机械有限公司 纳税人识别号：911308238552126456 地 址、电 话：平市迎宾路120号6027648 开户行及账号：中国银行平市迎宾路支行45645612345					密码区	（略）
货物或应税劳务、服务名称	规格型号	单位	数量	单价	金额	税率	税额
*运输服务 *运费					1100.92	9%	99.08
合　计					¥1100.92		¥99.08
价税合计（大写）	⊗壹仟贰佰元整				（小写）¥1200.00		
销售方	名　　称：平市铁路运输处 纳税人识别号：917648477576464300 地 址、电 话：平市桥东中路18号6236480 开户行及账号：工行平市桥东中路支行3254889					备注	

收款人：张云　　复核：张敏宇　　开票人：杨三　　销售方：（章）

第三联：发票联　购买方记账凭证

48–2/3

河北增值税专用发票　　№.356410

抵扣联　　开票日期：2023 年03月 16 日

购买方	名　　称：润泽机械有限公司 纳税人识别号：911308238552126456 地 址、电 话：平市迎宾路120号6027648 开户行及账号：中国银行平市迎宾路支行45645612345					密码区	（略）
货物或应税劳务、服务名称	规格型号	单位	数量	单价	金额	税率	税额
*运输服务 *运费					1100.92	9%	99.08
合　计					¥1100.92		¥99.08
价税合计（大写）	⊗壹仟贰佰元整				（小写）¥1200.00		
销售方	名　　称：平市铁路运输处 纳税人识别号：917648477576464300 地 址、电 话：平市桥东中路18号6236480 开户行及账号：工行平市桥东中路支行3254889					备注	

收款人：张云　　复核：张敏宇　　开票人：杨三　　销售方：（章）

第二联：抵扣联　购买方抵扣凭证

48–3/3

中 国 银 行（冀） 转账支票存根	
支票号码 №016231	
附加信息	
出票日期：	2023 年 03 月 16 日
收款人：	平市铁路运输处
金　额：	¥1 200.00
用　途：	垫付运费
单位主管 李东	会计 程皓

【业务 49】支付法律服务费

49–1/2

河北增值税普通发票　　No. 510026

发票联　　开票日期：2023 年 03 月 16 日

购买方	名　　称：润泽机械有限公司 纳税人识别号：911308238552126456 地 址、电 话：平市迎宾路 120 号 6027648 开户行及账号：中国银行平市迎宾路支行 45645612345					密码区	（略）
货物或应税劳务、服务名称	规格型号	单位	数量	单价	金额	税率	税额
*鉴证咨询服务*法律服务费					9433.96	6%	566.04
合　计					¥9433.96		¥566.04
价税合计（大写）	⊗壹万元整				（小写）¥ 10000.00		
销售方	名　　称：李明律师事务所 纳税人识别号：911648477576464245 地 址、电 话：平市桥东中路 148 号 6953530 开户行及账号：工行平市桥东中路支行 325874				备注	李明律师事务所 911648477576464245 发票专用章	

收款人：张云　　复核：张敏宇　　开票人：杨三　　销售方：（章）

第二联：发票联　购买方记账凭证

49–2/2

中 国 银 行（冀）

转账支票存根

支票号码 №016232

附加信息 ______________________

出票日期：2023 年 03月16日

收款人：	李明律师事务所
金 额：	¥10 000.00
用 途：	支付律师服务费

单位主管 李东　会计 程皓

【业务 50】现金盘盈

50–1/1

现金盘点报告表

单位名称：润泽机械有限公司　2023 年 03 月 17 日

账存金额	实存金额	清查结果		备注
		盘盈	盘亏	
11 300. 00	11 500. 00	200. 00		
处理意见：				

盘点人员：张晓雯　　出纳人员（签章）：李凌云

【业务 51】支付维修费

51–1/1

固定资产报修单

部门：生产车间　2023 年 03 月 17 日　第 12 号

固定资产名称	费用名称	金额	结算方式
1 号机床	维修费	450. 00	☐ 转账 ☑ 现金 ☐ 冲账
	现金付讫		
合计（大写）肆佰伍拾元整			

【业务 52】

52–1/1

现金盘点报告表

单位名称：润泽机械有限公司　　2023 年 03 月 18 日

账存金额	实存金额	清查结果		备注
		盘盈	盘亏	
11 300.00	11 500.00	200.00		
处理意见：无法查明原因，按规定处理。侯恩熙				

（印章：润泽机械有限公司）

盘点人员：张晓雯　　出纳人员（签章）：李凌云

【业务 53】收回前欠货款

53–1/1

托 收 凭 证（收账通知）　1

委托日期　2023 年 03 月 18 日　　№. 9898

业务类型	委托收款（□邮划□电划）　托收承付（□邮划☑电划）				
付款人	全称：金茗商贸公司		收款人	全称：润泽机械有限公司	
	账号：95488549			账号：4564561234	
	开户银行：汇丰银行福佑路支行			开户银行：中国银行平市迎宾路支行	
金额	人民币（大写）壹拾伍万捌仟柒佰陆拾伍元整			百十万千百十元角分：¥ 1 5 8 7 6 5 0 0	
款项内容	销货款	托收凭证名称	增值税发票	附寄单证张数	2 张
商品发运情况		已发运		合同号码	202303016
复核：　　记账：		款项收妥日期　年　月　日		收款人开户银行盖章	

（印章：中国银行平市迎宾路支行　2023年3月18日　业务清讫）

此联作收款人开户银行给收款人的受理回单

【业务 54】接受投资

54–1/1

专利技术投资协议

甲方：润泽机械有限公司（接受投资单位）

乙方：于东航（投资方）身份证号：132624198502306534

本协议为于东航所有的金属边角料再利用专利技术（评估价值 6 万元，预计使用 10 年）入股投资合作合同，甲乙双方各负其责，以甲方现有实体为基础依托，负责经营、经济、法律的全部管理责任。乙方以上述专利技术为本公司所用，从而促进甲方企业改善原料浪费问题，实现共赢。

甲乙双方协议如下：

第一条：乙方以“金属边角料再利用专利技术”作为投资，自合同签订之日交付该技术。

第二条：未经甲方同意，乙方不得随意抽回投资。

第三条：乙方有权对甲方的日常经营管理进行监督，甲方应配合接受乙方的监督。

………

甲方（盖章）：润泽机械有限公司　　乙方（盖章）于东航

法人代表：侯恩熙

【业务 55】销售产品

55–1/2

购销合同

甲方：润泽机械有限公司　　乙方：河北兴业商贸公司

甲方于 2023 年 03月 18 日销售给乙方调心球轴承 H304 共 300 箱，每箱 900 元，价税款共计人民币 30 5100 元，为了尽早收回货款，甲方给予乙方现金折扣，条件为 2/10，n/30。

………

未尽事宜，双方应本着互利原则协商解决。

甲方（盖章）：润泽机械有限公司　　乙方（盖章）：河北兴业商贸公司

法人代表：侯恩熙　　法人代表：杨明

2023 年 03 月 18 日　　2023 年 03 月 18 日

说明：基于对客户的了解，预计客户在 10 天内付款的概率为 90%，10 天后付款的概率为 10%。计算现金折扣时不考虑，增值税。

55-2/2

河北增值税专用发票

第一联 记账联

№. 285624

开票日期：2023年03月 18日

购买方	名　　　　称：河北兴业商贸公司 纳税人识别号：911308773748473711 地　址、电　话：石家庄市红旗大街35号8899230 开户行及账号：建行红旗大街分理处62843783					密码区	（略）
货物或应税劳务、服务名称	规格型号	单位	数量	单价	金额	税率	税额
调心球轴承	H304	箱	300	900.00	270000.00	13%	35100.00
合　计					¥270000.00		¥35100.00
价税合计（大写）	⊗叁拾万零伍仟壹佰元整　（小写）¥305100.00						
销售方	名　　　　称：润泽机械有限公司 纳税人识别号：911308238552126456 地　址、电　话：平市迎宾路120号6027648 开户行及账号：中国银行平市迎宾路支行45645612345					备注	

第一联：记账联　销售方记账凭证

收款人：　　复核：李东　　开票人：程皓　　销售方：（章）

【业务56】收回已确认的坏账

56-1/2

关于坏账损失收回的处理决定

财务部:

03月19日，以前确认的平市新业公司的坏账又收回5 000元，经批准将其转作营业外收入。

润泽机械有限公司

2023年03月19日

56–2/2

中国银行进账单（回单）　1

2023 年 03月 19 日　　　　第 240 号

收款人	全　　称	润泽机械有限公司	付款人	全　　称	平市新业公司
	账　　号	45645612345		账　　号	23154678
	开户银行	中国银行平市迎宾路支行		开户银行	工行兴林街分理处

人民币（大写）伍仟元整	百	十	万	千	百	十	元	角	分
			¥	5	0	0	0	0	0

票据种类	转账支票	票据张数	1	中国银行平市迎宾路支行 2023年3月19日 业务清讫 收款人开户行盖章
票据号码	963852			
复核：　　记账：				

此联是收款人开户行给收款人的回单或收账通知

【业务 57】

57–1/1

收　　据

2023 年 03 月 19日　　　　编号：2355

今收到　宁夏能达实业有限公司　　现金收讫

交　来　违约金

金　额（大写）　壹仟元整　　¥ 1 000.00

润泽机械有限公司 财务专用章

复核：　　出纳：李凌云　　经手人：张玉娟

【业务58】

58-1/1

财达证券成交过户交割单

2023年03月20日

日期：2023.03.20	业务名称：股利入账
股东账号：45645612345	成交数量(股)
股东名称：润泽机械有限公司	成交价格(元)
股票代码：198	成交金额(元)
股票名称：凌钢股份	标准佣金(元)
买卖方向：股利入账	过户费用(元)
申请编号：575	印花税(元)
申报时间：	备注：股利入账
成交时间：10：35：16	领取已宣告现金股利2 000元
实收金额：2 000.00元	
	打印时间：2023年03月20日

客户联

经办单位:财达证券平市营业部　　客户签章:侯恩熙

【业务59】支付仓储费

59-1/3

河北增值税专用发票

№.564545

发票联　　开票日期：2023年03月20日

购买方	名称：润泽机械有限公司 纳税人识别号：911308238552126456 地址、电话：平市迎宾路120号6027648 开户行及账号：中国银行平市迎宾路支行45645612345			密码区	（略）		
货物或应税劳务、服务名称	规格型号	单位	数量	单价	金额	税率	税额
*物流辅助服务*仓储服务费			1	11320.75	11320.75	6%	679.25
合计					¥11320.75		¥679.25
价税合计（大写）	⊗壹万贰仟元整				（小写）¥12000.00		
销售方	名称：星峰物流公司 纳税人识别号：911231236549873300 地址、电话：平市迎宾路125号6299888 开户行及账号：工商银行迎宾路分理处2314569870			备注			

第三联：发票联　购买方记账凭证

收款人：张云　　复核：张敏宇　　开票人：杨三　　销售方：（章）

59–2/3

河北增值税专用发票

No. 564545

抵扣联

开票日期：2023 年 03月 20 日

购买方	名　　称：润泽机械有限公司 纳税人识别号：911308238552126456 地 址、电 话：平市迎宾路120号6027648 开户行及账号：中国银行平市迎宾路支行 45645612345					密码区	（略）
货物或应税劳务、服务名称	规格型号	单位	数量	单价	金额	税率	税额
*物流辅助服务*仓储服务费			1	11320.75	11320.75	6%	679.25
合　计					¥11320.75		¥679.25
价税合计（大写）	⊗壹万贰仟元整				（小写）¥ 12000.00		
销售方	名　　称：星峰物流公司 纳税人识别号：911231236549873300 地 址、电 话：平市迎宾路125 号6299888 开户行及账号：工商银行迎宾路分理处2314569870					备注	

第二联：抵扣联　购买方抵扣凭证

收款人：张云　　复核：张敏宇　　开票人：杨三　　销售方：（章）

59–3/3

中 国 银 行（冀）

转账支票存根

支票号码 №016233

附加信息____________________

出票日期：　2023 年03月20日

收款人：	星峰物流公司
金　额：	¥12 000.00
用　途：	支付仓储费

单位主管　李东　　会计　程皓

【业务 60】收到前欠货款

60–1/2

中国银行进账单（回单）　1

2023 年 03 月 21 日　　　　第 241 号

收款人	全　　称	润泽机械有限公司	付款人	全　　称	河北兴业商贸公司
	账　　号	45645612345		账　　号	62843783
	开户银行	中国银行平市迎宾路支行		开户银行	建行红旗大街分理处

	百	十	万	千	百	十	元	角	分
人民币（大写）贰拾玖万玖仟柒佰元整	¥	2	9	9	7	0	0	0	0

票据种类	转账支票	票据张数	1
票据号码	232120		

复核：　　　　记账：

（印章：中国银行平市迎宾路支行 2023年3月21日 业务清讫）收款人开户行盖章

此联是收款人开户行给收款人的回单或收账通知

60–2/2

购销合同

甲方：润泽机械有限公司

乙方：河北兴业商贸公司

甲方于 2023 年03 月18 日销售给乙方调心球轴承 H304 共 300 箱，每箱 900 元，价税款共计人民币 305 100 元。为了尽早收回货款，甲方给予乙方现金折扣，条件为 2/10，n/30。

………

未尽事宜，双方应本着互利原则协商解决。

甲方（盖章）：润泽机械有限公司（印章：润泽机械有限公司 合同专用章）　　乙方（盖章）：河北兴业商贸公司（印章：河北兴业商贸公司 合同专用章）

法人代表：侯恩熙（印章：侯恩熙印）　　法人代表：杨明（印章：杨明之印）

2023 年03 月18 日　　2023 年03 月18 日

【业务 61】销售产品

61–1/2

河北增值税专用发票

记账联

№. 285625

开票日期：2023 年 03 月 22 日

购买方	名　　称：河北兴业商贸公司 纳税人识别号：911308773748473711 地　址、电　话：石家庄市红旗大街35号8899230 开户行及账号：建行红旗大街分理处62843783				密码区	（略）	
货物或应税劳务、服务名称	规格型号	单位	数量	单价	金额	税率	税额
调心球轴承	H305	箱	1200	1000.00	1200000.00	13%	156000.00
合　计					¥1200000.00		¥156000.00
价税合计（大写）	⊗壹佰叁拾伍万陆仟元整					（小写）¥1356000.00	
销售方	名　　称：润泽机械有限公司 纳税人识别号：911308238552126456 地　址、电　话：平市迎宾路120号6027648 开户行及账号：中国银行平市迎宾路支行45645612345				备注		

收款人：李凌云　　复核：李东　　开票人：程皓　　销售方：（章）

第一联：记账联　销售方记账凭证

61–2/2

中国银行进账单（回单）　1

2023 年 03 月 22 日　　第 242 号

收款人	全　　称	润泽机械有限公司	付款人	全　　称	河北兴业商贸公司
	账　　号	45645612345		账　　号	62843783
	开户银行	中国银行平市迎宾路支行		开户银行	建行红旗大街分理处

人民币（大写）	千	百	十	万	千	百	十	元	角	分
壹佰叁拾伍万陆仟元整	¥	1	3	5	6	0	0	0	0	0

票据种类	银行汇票	票据张数	1
票据号码	987321		

中国银行平市迎宾路支行　2023年03月21日　业务清讫

收款人开户行盖章

复核：　　记账：

此联是收款人开户行给收款人的回单或收账通知

【业务 62】支付运费

62–1/3

中 国 银 行（冀）

转账支票存根

支票号码 №016234

附加信息 ______________________

出票日期： 2023 年03月22日

收款人：	平市东方货运中心
金 额：	¥327.00
用 途：	支付运费

单位主管 李东 会计 程皓

62–2/3

河北增值税专用发票

№.236598

发票联

开票日期：2023 年 03 月 22 日

购买方	名 称：润泽机械有限公司 纳税人识别号：911308238552126456 地 址、电 话：平市迎宾路 120 号6027648 开户行及账号：中国银行平市迎宾路支行45645612345				密码区	（略）	
货物或应税劳务、服务名称	规格型号	单位	数量	单价	金额	税率	税额
*运输服务*运费					300.00	9%	27.00
合 计					¥300.00		¥27.00
价税合计（大写）	⊗叁佰贰拾柒元整					（小写）¥327.00	
销售方	名 称：平市东方货运中心 纳税人识别号：911308231977081033 地 址、电 话：平市南路 24 号6203456 开户行及账号：工行平市支行369258147				备注	平市东方货运中心 911308231977081033 发票专用章	

第三联：发票联 购买方记账凭证

收款人：和三 复核：王小飞 开票人：林五 销售方：（章）

62–3/3

河北增值税专用发票　　　　№.236598

抵扣联　　　　开票日期：2023年03月22日

购买方	名　　称：润泽机械有限公司 纳税人识别号：911308238552126456 地址、电话：平市迎宾路120号6027648 开户行及账号：中国银行平市迎宾路支行45645612345					密码区	（略）
货物或应税劳务、服务名称	规格型号	单位	数量	单价	金额	税率	税额
*运输服务*运费					300.00	9%	27.00
合　计					¥300.00		¥27.00
价税合计（大写）	⊗叁佰贰拾柒元整				（小写）¥327.00		
销售方	名　　称：平市东方货运中心 纳税人识别号：911308231977081033 地址、电话：平市南路24号6203456 开户行及账号：工行平市支行369258147					备注	

收款人：和三　　复核：王小飞　　开票人：林五　　销售方：（章）

第二联：抵扣联　购买方抵扣凭证

【业务63】无法支付的应付款

63–1/1

关于应付账款无法支付的处理决定

因新大发公司已破产倒闭并完成清算，原欠新大发公司的货款20 000.00元无法支付，经公司研究决定转作营业外收入处理。

润泽机械有限公司

2023年03月22日

【业务 64】收回押金

64–1/1

中国银行进账单（回单） 1

2023 年 03 月 23 日　　　　第 243 号

收款人	全　称	润泽机械有限公司	付款人	全　称	河北省平市纸箱厂
	账　号	45645612345		账　号	130262223111
	开户银行	中国银行平市迎宾路支行		开户银行	平市工商银行
人民币（大写）贰仟元整					
票据种类	转账支票	票据张数	1		
票据号码	753159				
复核：	记账：		收款人开户行盖章		

百	十	万	千	百	十	元	角	分
		¥	2	0	0	0	0	0

此联是收款人开户行给收款人的回单或收账通知

（中国银行平市迎宾路支行 2023年3月23日 业务清讫）

【业务 65】支付加油费

65–1/1

中国石化销售有限公司
河北石油分公司销售发票
发票联

发票代码：113001672002
识 别 码：6V88936MY669
发票号码：05827023
开票日期：2023-3-23 14：23：40
付款单位：润泽机械有限公司
销售单位：中国石化销售有限公司
　　　　　河北平市第一加油站
纳税人识别号：130823600510X

项目名称	数量	单价	金额
92#汽油（V）	30	7.00	210.00

应收金额
金额合计：210.00
金额大写：贰佰壹拾元整
收银员：董晓娜

（现金付讫）
（中国石化销售有限公司河北石油分公司 发票专用章）

【业务 66】支付违约金

66–1/2

收　　据

2023 年 03 月 23 日

交款单位　润泽机械有限公司

交　　来　违约金罚款

人民币(大写)　贰仟元整　　¥ 2 000. 00

收款单位　（印章：华南钢铁厂 917894561233321654 发票专用章）　　收款人　张东

此联交付款人作记账凭证

66–2/2

中 国 银 行（冀）

转账支票存根

支票号码　№016235

附加信息

出票日期：　2023 年 03月 23日

收款人：	华南钢铁厂
金　额：	¥2 000.00
用　途：	支付罚款

单位主管　李东　　会计　程皓

【业务 67】交电话费

67–1/4

河北增值税专用发票

发票联

№.012234

开票日期：2023年03月23日

购买方	名　　称：润泽机械有限公司 纳税人识别号：911308238552126456 地 址、电 话：平市迎宾路120号6027648 开户行及账号：中国银行平市迎宾路支行 45645612345					密码区	（略）
货物或应税劳务、服务名称	规格型号	单位	数量	单价	金额	税率	税额
*电信服务*电话费					1080.00	9%	97.20
合　计					¥1080.00		¥97.20
价税合计（大写）	⊗壹仟壹佰柒拾柒元贰角				（小写）¥ 1177.20		
销售方	名　　称：中国移动集团公司河北分公司平市营业部 纳税人识别号：911305748484939322l 地 址、电 话：平市八沟大街13号6276480 开户行及账号：工行平市支行 62834398392					备注	

收款人：张方　　复核：李小路　　开票人：李宏梅　　销售方：(章)

第三联：发票联　购买方记账凭证

67–2/4

河北增值税专用发票

抵扣联

№.012234

开票日期：2023年03月23日

购买方	名　　称：润泽机械有限公司 纳税人识别号：911308238552126456 地 址、电 话：平市迎宾路120号6027648 开户行及账号：中国银行平市迎宾路支行 45645612345					密码区	（略）
货物或应税劳务、服务名称	规格型号	单位	数量	单价	金额	税率	税额
*电信服务*电话费					1080.00	9%	97.20
合　计					¥1080.00		¥97.20
价税合计（大写）	⊗壹仟壹佰柒拾柒元贰角				（小写）¥ 1177.20		
销售方	名　　称：中国移动集团公司河北分公司平市营业部 纳税人识别号：911305748484939322l 地 址、电 话：平市八沟大街13号6276480 开户行及账号：工行平市支行 62834398392					备注	

收款人：张方　　复核：李小路　　开票人：李宏梅　　销售方：(章)

第二联：抵扣联　购买方抵扣凭证

67–3/4

中 国 银 行（冀） 转账支票存根	
支票号码	№016236
附加信息	
出票日期：	2023 年 03 月 23 日
收款人：	中国移动集团公司河北分公司平市营业部
金　额：	¥ 1 177.20
用　途：	通信服务费
单位主管 张晓雯	会计 程皓

67–4/4

电话费分配表　　2023 年 03 月 24 日

部门	分配金额
生产部门	260.00
管理部门	320.00
销售部门	500.00
合计	1 080.00

编制：程皓　　审核：李东

【业务 68】支付捐款

68–1/2

河北公益事业捐赠收据

捐赠者：润泽机械有限公司　　2023 年03月 24 日

捐赠项目	类型（货币或实物）	数量	金额							
			十	万	千	百	十	元	角	分
灾区捐款	人民币				5	0	0	0	0	0
合计（大写）	⊗拾⊗万伍仟零佰零拾零元零角零分			¥	5	0	0	0	0	0

① 收据

接受单位(盖章)：　　收款人：宋成河　　开票人：李红

68–2/2

中 国 银 行（冀） 转账支票存根	
支票号码	№016237
附加信息	
出票日期：	2023 年 03 月 24 日
收款人：	平市慈善基金会
金　额：	¥5 000.00
用　途：	向灾区捐款
单位主管 李东	会计 程皓

【业务 69】领用材料

69-1/2

领　料　单

领料单位：生产车间

用途：调心球轴承 H304　　2023 年 03 月 24 日　　发料仓库：一号库

材料编号	名称及规格	计量单位	数量		单位成本	金额	备注
			请领	实发			
	不锈钢板	吨	80	80			
	碳铬钢	吨	100	100			

记账联

发料人：李佳静　　领料人：陈思源

69-2/2

领　料　单

领料单位：生产车间

用途：调心球轴承 H305　　2023 年 03 月 24 日　　发料仓库：一号库

材料编号	名称及规格	计量单位	数量		单位成本	金额	备注
			请领	实发			
	不锈钢板	吨	70	70			
	碳铬钢	吨	90	90			

记账联

发料人：王铭慧　　领料人：陈思源

【业务 70】仓库投入使用

70-1/1

固定资产验收单

2023 年 03 月 24 日

固定资产名称	仓库	验收日期	2023.03.24	使用部门	仓储部
资产类别	房屋	使用日期	2023.03.24	建造单位	平市恒信建筑公司
增加方式	在建工程转入	竣工日期	2023.03.01	入账价值	¥1 400 458.72
预计净残值率	4%	预计使用年限	50 年	已使用年限	0
主要技术参数： 总面积为 3 000 平方米			验收意见： 达到预定使用状态，验收合格 侯恩熙 2023.03.24		

【业务 71】交保险费

71–1/3

河北增值税专用发票

发票联

№. 789012

开票日期：2023 年 03 月 24 日

购买方	名称：润泽机械有限公司 纳税人识别号：911308238552126456 地址、电话：平市迎宾路120号 6027648 开户行及账号：中国银行平市迎宾路支行45645612345				密码区	（略）	
货物或应税劳务、服务名称	规格型号	单位	数量	单价	金额	税率	税额
*保险服务*机动车交通事故责任强制保险服务		辆	4	900.00	3600.00	6%	216.00
合计					¥3600.00		¥216.00
价税合计（大写）	⊗叁仟捌佰壹拾陆元整					（小写）¥ 3816.00	
销售方	名称：中国人民保险公司平市分公司 纳税人识别号：91130564367632189087 地址、电话：平市西城路 218 号6207648 开户行及账号：工行平市支行 83834398392				备注	中国人民保险公司平市分公司 91130564367632189087 发票专用章	

收款人：张方　　复核：韩语　　开票人：刘丹梅　　销售方(章)：

第三联：发票联　购买方记账凭证

71–2/3

河北增值税专用发票

抵扣联

№. 789012

开票日期：2023 年 03 月 24 日

购买方	名称：润泽机械有限公司 纳税人识别号：911308238552126456 地址、电话：平市迎宾路120号6027648 开户行及账号：中国银行平市迎宾路支行45645612345				密码区	（略）	
货物或应税劳务、服务名称	规格型号	单位	数量	单价	金额	税率	税额
*保险服务*机动车交通事故责任强制保险服务		辆	4	900.00	3600.00	6%	216.00
合计					¥3600.00		¥216.00
价税合计（大写）	⊗叁仟捌佰壹拾陆元整					（小写）¥ 3816.00	
销售方	名称：中国人民保险公司平市分公司 纳税人识别号：91130564367632189087 地址、电话：平市西城路 218 号6207648 开户行及账号：工行平市支行 83834398392				备注	中国人民保险公司平市分公司 91130564367632189087 发票专用章	

收款人：张方　　复核：韩语　　开票人：刘丹梅　　销售方(章)：

第二联：抵扣联　购买方抵扣凭证

71–3/3

中 国 银 行（冀）

转账支票存根

支票号码 №016238

附加信息 ______________________

出票日期：2023年03月24日

收款人：	中国人民保险公司平市分公司
金　额：	￥3 816.00
用　途：	交保险费

单位主管 李东　　会计 程皓

【业务72】支付仓库租金

72–1/3

河北增值税专用发票　　№.654321

发票联　　开票日期：2023年03月25日

购买方	名称：润泽机械有限公司 纳税人识别号：911308238552126456 地址、电话：平市迎宾路120号6027648 开户行及账号：中国银行平市迎宾路支行45645612345				密码区	（略）	
货物或应税劳务、服务名称	规格型号	单位	数量	单价	金额	税率	税额
*经营租赁*仓库租金					20000.00	9%	1800.00
合　计					¥20000.00		¥1800.00
价税合计（大写）	⊗贰万壹仟捌佰元整　　（小写）¥21800.00						
销售方	名称：河北省平市兴达股份有限公司 纳税人识别号：911231456789512345 地址、电话：平市战备路12号6637652 开户行及账号：平市工商银行1213511001				备注		

收款人：李双　　复核：张泽　　开票人：于明　　销售方：（章）

第三联：发票联　购买方记账凭证

72–2/3

河北增值税专用发票

抵扣联

No. 654321

开票日期：2023年03月25日

购买方	名　　　称：润泽机械有限公司 纳税人识别号：911308238552126456 地址、电话：平市迎宾路120号6027648 开户行及账号：中国银行平市迎宾路支行45645612345					密码区	（略）	
货物或应税劳务、服务名称	规格型号	单位	数量	单价	金额	税率	税额	
*经营租赁 *仓库租金					20000.00	9%	1800.00	
合　计					¥20000.00		¥1800.00	
价税合计（大写）	⊗贰万壹仟捌佰元整				（小写）¥21800.00			
销售方	名　　　称：河北省平市兴达股份有限公司 纳税人识别号：911231456789512345 地址、电话：平市战备路12号6637652 开户行及账号：平市工商银行1213511001					备注	河北省平市兴达股份有限公司 911231456789512345 发票专用章	

第二联：抵扣联　购买方抵扣凭证

收款人：李双　　复核：张泽　　开票人：于明　　销售方：（章）

72–3/3

中国银行（冀）

转账支票存根

支票号码　№016239

附加信息＿＿＿＿＿＿＿＿＿＿＿＿＿＿＿

出票日期：2023年03月25日

收款人：	润泽机械有限公司
金　额：	¥21 800.00
用　途：	支付仓库租金

单位主管　李东　　会计　程皓

【业务 73】购买润滑油

73–1/3

河北增值税专用发票 № 0324564

发票联 开票日期：2023 年 03 月 25 日

购买方	名　　称：润泽机械有限公司 纳税人识别号：911308238552126456 地址、电话：平市迎宾路120号6027648 开户行及账号：中国银行平市迎宾路支行45645612345				密码区	（略）	
货物或应税劳务、服务名称	规格型号	单位	数量	单价	金额	税率	税额
润滑油		桶	100	98.00	9800.00	13%	1274.00
合　计					¥9800.00		¥1274.00
价税合计（大写）	⊗壹万壹仟零柒拾肆元整				（小写）¥ 11074.00		
销售方	名　　称：万通化工厂 纳税人识别号：913054565256464689 地址、电话：海城市西子路36号6720684 开户行及账号：工行营业部11080202336552				备注	万通化工厂 913054565256464689 发票专用章	

收款人：杨威　　复核：郑爽　　开票人：周晓冬　　销售方：（章）

第三联：发票联 购买方记账凭证

73–2/3

河北增值税专用发票 №.0324564

抵扣联 开票日期：2023 年 03 月 25 日

购买方	名　　称：润泽机械有限公司 纳税人识别号：911308238552126456 地址、电话：平市迎宾路120号6027648 开户行及账号：中国银行平市迎宾路支行45645612345				密码区	（略）	
货物或应税劳务、服务名称	规格型号	单位	数量	单价	金额	税率	税额
润滑油		桶	100	98.00	9800.00	13%	1274.00
合　计					¥9800.00		¥1274.00
价税合计（大写）	⊗壹万壹仟零柒拾肆元整				（小写）¥ 11074.00		
销售方	名　　称：万通化工厂 纳税人识别号：913054565256464689 地址、电话：海城市西子路36号6720684 开户行及账号：工行营业部11080202336552				备注	万通化工厂 913054565256464689 发票专用章	

收款人：杨威　　复核：郑爽　　开票人：周晓冬　　销售方：（章）

第二联：抵扣联 购买方抵扣凭证

73–3/3

中 国 银 行（冀）

转账支票存根

支票号码 №016240

附加信息：

出票日期： 2023 年 03 月 25 日

收款人：	万通化工厂
金　额：	¥11 074.00
用　途：	购买润滑油

单位主管 李东 会计 程皓

【业务 74】交物业费

74–1/2

河北增值税普通发票

№.0324555

发票联 开票日期： 2023 年 03 月 25 日

购买方	名　　称：润泽机械有限公司 纳税人识别号：911308238552126456 地址、电话：平市迎宾路 120 号 6027648 开户行及账号：中国银行平市迎宾路支行 45645612345					密码区	（略）
货物或应税劳务、服务名称	规格型号	单位	数量	单价	金额	税率	税额
*企业管理服务费*物业管理费					1000	6%	60.00
合　计					¥1000.00		¥60.00
价税合计（大写）	⊗壹仟零陆拾元整				（小写）¥ 1060.00		
销售方	名　　称：润恒物业管理有限公司 纳税人识别号：913022226655544110 地址、电话：平市府前街 1025 号 6082764 开户行及账号：承德银行 230111200000					备注	润恒物业管理有限公司 913022226655544110 发票专用章

第二联：发票联 购买方记账凭证

收款人：李双 复核：董莉莉 开票人：张晓宇 销售方（章）：

74–2/2

中国银行 电汇凭证（回单）

委托日期 2023 年 03 月 25 日 第 789988 号

<table>
<tr><td rowspan="3">汇款人</td><td>全 称</td><td>润泽机械有限公司</td><td rowspan="3">收款人</td><td>全 称</td><td colspan="10">润恒物业管理有限公司</td></tr>
<tr><td>账 号</td><td>45645612345</td><td>账 号</td><td colspan="10">230111200000</td></tr>
<tr><td>汇出行</td><td>中国银行平市迎宾路支行</td><td>汇入行</td><td colspan="10">承德银行</td></tr>
<tr><td rowspan="2">金额</td><td colspan="3" rowspan="2">人民币（大写）壹仟零陆拾元整</td><td>千</td><td>百</td><td>十</td><td>万</td><td>千</td><td>百</td><td>十</td><td>元</td><td>角</td><td>分</td></tr>
<tr><td></td><td></td><td></td><td>¥</td><td>1</td><td>0</td><td>6</td><td>0</td><td>0</td><td>0</td></tr>
<tr><td>汇款用途</td><td colspan="3">支付物业费</td><td colspan="10">中国银行平市迎宾路支行 2023年3月25日 业务清讫
汇出行签章
复核 记账</td></tr>
</table>

【业务 75】报废固定资产

75–1/3

固定资产报废申请表

填报单位：生产车间 2023 年 03 月 26 日

<table>
<tr><td>名称</td><td>单位</td><td>数量</td><td>原值</td><td>已提折旧</td><td>净值</td></tr>
<tr><td>打印复印一体机</td><td>台</td><td>1</td><td>5 000.00</td><td>960.00</td><td>4 040.00</td></tr>
<tr><td colspan="2">预计使用年限</td><td colspan="2">实际使用年限</td><td colspan="2">收回残值</td></tr>
<tr><td colspan="2">5 年</td><td colspan="2">1 年</td><td colspan="2">100.00</td></tr>
<tr><td>购置时间</td><td>2022.03.28</td><td>报废时间</td><td>2023.03.26</td><td>报废原因</td><td>损坏</td></tr>
<tr><td colspan="3">资产部门意见：
同意报废 李东
2023 年 03月 26 日</td><td colspan="3">公司意见：
同意报废 熙侯印恩
2023 年 03月 26 日</td></tr>
</table>

75–2/3

收　据

2023 年 03 月 26 日　　　　编号：2356

今收到 得回收废品有限公司

交　来 报废的打印复印一体机款

金　额（大写）壹佰元整　　　　¥ 100.00

现金收讫

润泽机械有限公司 财务专用章

复核：　　　　出纳：李凌云　　　　经手人：张柳

75–3/3

固定资产清理净损益计算表

2023 年 03 月 26 日

原值	已提折旧	已提减值准备	净值	清理费用	清理收入	净收益（损失用“-”表示）
5000.00	960.00	0	4 040.00	0	88.50	

编制：程皓　　　　审核：李东

【业务 76】材料入库

76–1/1

收　料　单

供货单位：万通化工厂　　　　记账联　　　　编号：12357

发票号码：03245636　　　　2023 年 03 月 26 日　　　　收货仓库：一号库

材料类别	名称及规格	计量单位	数量		运费	实际成本	
			应收	实收		单价	金额
	润滑油	桶	100	100		98.00	9 800.00

【业务 77】开出商业承兑汇票支付展览费

77–1/2

商业承兑汇票

出票日期（大写）贰零贰叁 年 叁月贰拾陆日

收款人	全 称	承德市国际会展服务公司	付款人	全 称	润泽机械有限公司
	账 号	565656787878		账 号	45645612345
	开户银行	承德银行		开户银行	中国银行平市迎宾路支行
汇票金额	人民币（大写）	贰万元整		百十万千百十元角分	¥2000000
汇票到期日		贰零贰叁年陆月贰拾陆日	交易合同号码		356
本汇票已经本单位承兑，到期日无条件支付票款。此致 付款人盖章 承兑日期 2023 年 03 月 26 日			出票人盖章 2023 年 03 月 26 日		

77–2/2

河北增值税专用发票

发票联

№.523100

开票日期：2023 年 03 月 26 日

购买方	名 称：润泽机械有限公司 纳税人识别号：911308238552126456 地 址、电 话：平市迎宾路 120 号 6027648 开户行及账号：中国银行平市迎宾路支行 45645612345				密码区	（略）	
货物或应税劳务、服务名称	规格型号	单位	数量	单价	金额	税率	税额
*会议展览服务 *展览费					18867.92	6%	1132.08
合 计					¥18867.92		¥1132.08
价税合计（大写）	⊗贰万元整				（小写）¥20000.00		
销售方	名 称：承德市国际会展服务公司 纳税人识别号：911323655541200133 地 址、电 话：承德市营子大街 6531 号 6038759 开户行及账号：承德银行 565656787878				备注		

第三联：发票联 购买方记账凭证

收款人：张桐　　复核：李莉　　开票人：胡晓东　　销售方：（章）

（抵扣联略）

【业务 78】发放福利

78–1/3

润泽机械有限公司福利费分配表　　　　2023 年 03 月 27 日

部门	数量	单价	金额
行政部	3	120.00	360.00
财务部	3	120.00	360.00
生产车间—H304	3	120.00	360.00
生产车间—H305	4	120.00	480.00
采购部	2	120.00	240.00
销售部	3	120.00	360.00
仓储部	2	120.00	240.00
合计	20	—	2 400.00

78–2/3

河北增值税普通发票

发票联

№.364321

开票日期：2023 年 03 月 27 日

购买方	名　　称：润泽机械有限公司 纳税人识别号：911308238552126456 地 址、电 话：平市迎宾路 120 号 6027648 开户行及账号：中国银行平市迎宾路支行 45645612345	密码区	（略）

货物或应税劳务、服务名称	规格型号	单位	数量	单价	金额	税率	税额
稻花香色拉油	5 升	桶	20	106.19	2123.89	13%	276.11
合　计					¥2123.89		¥276.11
价税合计（大写）	⊗贰仟肆佰元整				（小写）¥2400.00		

销售方	名　　称：平市宽广超市 纳税人识别号：911308238552126456 地 址、电 话：平市八沟大街 67 号 6028853 开户行及账号：中国银行八沟大街营业部963852741	备注	平市宽广超市 911308238552126456 发票专用章

收款人：　　　复核：张三　　　开票人：王一　　　销售方：(章)

第三联：发票联　购买方记账凭证

78–3/3

中 国 银 行（冀）

转账支票存根

支票号码　№016241

附加信息：

出票日期：　2023 年 03 月 27 日

收款人：	平市宽广超市
金　额：	¥2 400.00
用　途：	购买色拉油

单位主管　李东　　　会计　程皓

【业务 79】销售产品

79–1/2

河北增值税专用发票

No. 285625

记账联

开票日期：2023 年 03 月 28 日

<table>
<tr><td>购买方</td><td colspan="5">名　　称：河北兴业商贸公司
纳税人识别号：911308773748473711
地 址、电 话：石家庄市红旗大街35号8899230
开户行及账号：建行红旗大街分理处62843783</td><td>密码区</td><td colspan="2">（略）</td></tr>
<tr><td>货物或应税劳务、服务名称</td><td>规格型号</td><td>单位</td><td>数量</td><td>单价</td><td>金额</td><td>税率</td><td>税额</td><td></td></tr>
<tr><td>调心球轴承</td><td>H304</td><td>箱</td><td>500</td><td>900.00</td><td>450000.00</td><td>13%</td><td>58500.00</td><td></td></tr>
<tr><td>合　计</td><td></td><td></td><td></td><td></td><td>¥450000.00</td><td></td><td>¥58500.00</td><td></td></tr>
<tr><td>价税合计（大写）</td><td colspan="8">⊗伍拾万捌仟伍佰元整　　　（小写）¥508500.00</td></tr>
<tr><td>销售方</td><td colspan="5">名　　称：润泽机械有限公司
纳税人识别号：911308238552126456
地 址、电 话：平市迎宾路120号6027648
开户行及账号：中国银行平市迎宾路支行45645612345</td><td>备注</td><td colspan="2"></td></tr>
</table>

第一联：记账联　销售方记账凭证

收款人：　　复核：　　开票人：　　销售方：(章)

79–2/2

河北增值税普通发票

No. 356412

发票联

开票日期：2023 年 03 月 28 日

<table>
<tr><td>购买方</td><td colspan="5">名　　称：润泽机械有限公司
纳税人识别号：911308238552126456
地　址、电　话：平市迎宾路120号6027648
开户行及账号：中国银行平市迎宾路支行45645612345</td><td>密码区</td><td colspan="2">（略）</td></tr>
<tr><td>货物或应税劳务、服务名称</td><td>规格型号</td><td>单位</td><td>数量</td><td>单价</td><td>金额</td><td>税率</td><td>税额</td><td></td></tr>
<tr><td>*运输服务*运费</td><td></td><td></td><td></td><td></td><td>458.72</td><td>9%</td><td>41.28</td><td></td></tr>
<tr><td>合　计</td><td></td><td></td><td></td><td></td><td>¥458.72</td><td></td><td>¥41.28</td><td></td></tr>
<tr><td>价税合计（大写）</td><td colspan="8">⊗伍佰元整　　　（小写）¥500.00</td></tr>
<tr><td>销售方</td><td colspan="5">名　　称：平市铁路运输处
纳税人识别号：917648477576464300
地　址、电　话：平市桥东中路18号6236480
开户行及账号：工行平市桥东中路支行3254889</td><td>备注</td><td colspan="2">平市铁路运输处 财务专用章</td></tr>
</table>

第二联：发票联　购买方记账凭证

收款人：张云　　复核：张敏宇　　开票人：杨三　　销售方：（章）

【业务 80】交会费

80–1/1

承德市社会团体统一收据

2023年03月28日

单位：润泽机械有限公司　　　　第一联 收据

项目编码	项目名称	数量	金额 千	百	十	万	千	百	十	元	角	分
88801	社会团体费	1						8	0	0	0	0
合计人民币	（大写）捌佰元整						¥	8	0	0	0	0

承德市工业企业协会 财务专用章

现金付讫

【业务 81】销售不合格材料

81–1/2

河北增值税专用发票

记账联

№.285626

开票日期：2023年03月28日

购买方	名称：承德钢铁集团有限公司 纳税人识别号：911320876300508731 地址、电话：承德市果山路106号 2217357 开户行及账号：中行承德支行 3457645					密码区	（略）
货物或应税劳务、服务名称	规格型号	单位	数量	单价	金额	税率	税额
碳铬钢		吨	3.2	3200.00	10240.00	13%	1331.20
合　计					¥10240.00		¥1331.20
价税合计（大写）	⊗壹万壹仟伍佰柒拾壹元贰角				（小写）¥11571.20		
销售方	名称：润泽机械有限公司 纳税人识别号：911308238552126456 地址、电话：平市迎宾路120号6027648 开户行及账号：中国银行平市迎宾路支行 45645612345					备注	

第一联：记账联 销售方记账凭证

收款人：　　　复核：李东　　　开票人：程皓　　　销售方：（章）

81-2/2

托 收 凭 证（受理回单）　　1

№.876421

委托日期　　2023 年 03 月 28 日

<table>
<tr><td colspan="2">业 务 类 型</td><td colspan="3">委托收款（□邮划 ☑ 电划</td><td colspan="3">托收承付（□邮划□电划）</td></tr>
<tr><td rowspan="3">付款人</td><td>全　称</td><td>承德钢铁集团有限公司</td><td rowspan="3">收款人</td><td>全　称</td><td colspan="3">润泽机械有限公司</td></tr>
<tr><td>账　号</td><td>3457645</td><td>账　号</td><td colspan="3">4564561234</td></tr>
<tr><td>开户银行</td><td>中行承德支行</td><td>开户银行</td><td colspan="3">中国银行平市迎宾路支行</td></tr>
<tr><td>金额</td><td colspan="5">人民币（大写）壹万壹仟伍佰柒拾壹元贰角</td><td colspan="2">百 十 万 千 百 十 元 角 分
¥ 1 1 5 7 1 2 0</td></tr>
<tr><td colspan="2">款项内容</td><td>销货款</td><td>托收凭证名称</td><td>增值税发票</td><td>附寄单证张数</td><td colspan="2">2 张</td></tr>
<tr><td colspan="3">商品发运情况</td><td colspan="2">已发运</td><td>合同号码</td><td colspan="2">202303028</td></tr>
<tr><td colspan="3">复核：　　记账：</td><td colspan="2">款项收妥日期
年　月　日</td><td colspan="3">收款人开户银行
盖章
中国银行平市迎宾路支行
2023年3月28日
业务清讫</td></tr>
</table>

此联作收款人开户银行给收款人的受理回单

【业务 82】领用材料

82-1/1

领　料　单

领料单位：销售部门

用途：销售　　2023 年 03 月 29 日　　发料仓库：一号库

材料编号	名称及规格	计量单位	数量		单位成本	金额	备注
			请领	实发			
	碳铬钢	吨	3.2	3.2			

记账联

发料人：王铭慧　　领料人：陈思源

【业务 83】收到前欠货款

83-1/1

托 收 凭 证（收账通知） №. 876421

委托日期 2023 年 03 月 30 日

<table>
<tr><td colspan="2">业务类型</td><td colspan="6">委托收款（□邮划 ☑ 电划） 托收承付（□邮划□电划）</td></tr>
<tr><td rowspan="3">付款人</td><td>全称</td><td>承德钢铁集团有限公司</td><td rowspan="3">收款人</td><td>全称</td><td colspan="3">润泽机械有限公司</td></tr>
<tr><td>账号</td><td>3457645</td><td>账号</td><td colspan="3">4564561234</td></tr>
<tr><td>开户银行</td><td>中行承德支行</td><td>开户银行</td><td colspan="3">中国银行平市迎宾路支行</td></tr>
<tr><td>金额</td><td colspan="5">人民币（大写）壹万壹仟伍佰柒拾壹元贰角</td><td colspan="2">百十万千百十元角分
¥ 1 1 5 7 1 2 0</td></tr>
<tr><td>款项内容</td><td>销货款</td><td>托收凭证名称</td><td colspan="2">增值税发票</td><td>附寄单证张数</td><td colspan="2">2 张</td></tr>
<tr><td colspan="3">商品发运情况</td><td colspan="2">已发运</td><td>合同号码</td><td colspan="2">202303028</td></tr>
<tr><td colspan="3">复核： 记账：</td><td colspan="2">款项收妥日期
年 月 日</td><td colspan="3">收款人开户银行
盖章
（中国银行平市迎宾路支行 2023年3月30日 业务清讫）</td></tr>
</table>

此联作收款人开户银行给收款人的受理回单

【业务 84】材料入库

84-1/1

收 料 单 入库单编号：（略）

供货单位：首都钢铁总公司 2023 年 03 月 30 日 收料仓库：一号库

材料类别	名称及规格	计量单位	数量		运费	实际成本	
			应收	实收		单价	金额
	不锈钢板	吨	200	200		4 000.00	800 000.00
	碳铬钢	吨	200	200		3 000.00	600 000.00

主管： 记账： 保管：王铭慧 制单：李佳静

【业务 85】支付利息

85–1/1

中国银行贷款利息通知单

2023 年 03 月 31 日

账号	户名	计息期	基数	利率(年)	利息金额
45645612345	润泽机械有限公司	2023 年 1 月 1 日至 2023 年 3 月 31 日	¥500 000.00	9%	¥11 250.00
大写金额:壹万壹仟贰佰伍拾元整					
上列款项已从你单位往来户如数支付。 银行盖章			备注:短期借款利息		

中国银行平市迎宾路支行 2023年3月31日 业务清讫

此联由银行送单位作支款通知

中国银行贷款利息通知单

2023 年 03 月 31 日

账号	户名	计息期	基数	利率(年)	利息金额
45645612345	润泽机械有限公司	2023 年 3 月 13 日至 2023 年 3 月 31 日	¥300 000.00	9%	¥1 425.00
大写金额:壹仟肆佰贰拾伍元整					
上列款项已从你单位往来户如数支付。 银行盖章			备注:长期借款利息		

中国银行平市迎宾路支行 2023年3月31日 业务清讫

此联由银行送单位作支款通知

【业务 86】分配水费

86–1/1

润泽机械有限公司水费分配表

2023 年 03 月

受益部门	用水量（吨）	单价	金额
生产部门	480	5.00	2 400.00
管理部门	32	5.00	160.00
销售部门	8	5.00	40.00
合计	520	—	2 600.00

主管：李东　　审核：李东　　制表：程皓

【业务 87】分配电费

87–1/1

润泽机械有限公司电费分配表　　2023 年 03 月

受益部门	用电量（度）	单价	金额
生产部门	14 800	0.70	10 360.00
管理部门	580	0.70	406.00
销售部门	150	0.70	105.00
合计	15 530	—	10 871.00

主管：李东　　审核：李东　　制表：程皓

【业务 88】提取折旧

88–1/1

润泽机械有限公司固定资产折旧计算表　　2023 年 03 月 31 日

部门	固定资产名称	增加时间	原值	折旧方法	使用年限	净残值率	月折旧额
行政部	1 号楼	2022–2–8	10 000 000.00	平均年限法（一）	50	4%	16 000.00
生产车间	2 号楼	2022–2–16	2 500 000.00	平均年限法（一）	50	4%	4 000.00
生产车间	调心球轴承 H304 生产线	2022–2–20	200 000.00	平均年限法（一）	10	4%	1 600.00
生产车间	调心球轴承 H305 生产线	2022–2–20	200 000.00	平均年限法（一）	10	4%	1 600.00
财务部	电脑 1	2022–2–18	10 000.00	平均年限法（一）	5	4%	160.00
财务部	打印复印一体机	2022–3–28	5 000.00	平均年限法（一）	5	4%	80.00
行政部	电脑 2	2022–2–18	10 000.00	平均年限法（一）	5	4%	160.00
合计							23 600.00

主管：李东　　审核：李东　　制表：程皓

【业务 89】无形资产摊销

89–1/1

润泽机械有限公司无形资产摊销计算表　　2023 年 03 月 31 日

名称	账面价值	摊销期限	本月摊销额
商标权	120 000.00	10	1 000.00
金属边角料再利用专利技术	60 000.00	10	500.00
合　计			1 500.00

主管：李东　　审核：李东　　制表：程皓

【业务 90】分配本月职工工资

90–1/3

润泽机械有限公司考勤和奖金情况统计表　　2023 年 03 月

编号	姓名	所属部门	奖金	请假天数
101	侯恩熙	行政部	1 500.00	0
102	张晓雯	行政部	1 500.00	3
103	于丽杰	行政部	1 500.00	0
201	李东	财务部	900.00	0
202	程皓	财务部	900.00	0
203	李凌云	财务部	900.00	2
301	陈思源	调心球轴承 H304	1 000.00	0
302	刘梦然	调心球轴承 H304	1 200.00	0
303	许洪翔	调心球轴承 H304	1 200.00	0
304	赵怡铭	调心球轴承 H305	1 400.00	0
305	刘利伟	调心球轴承 H305	1 000.00	0
306	张委	调心球轴承 H305	800.00	0
307	姚健豪	调心球轴承 H305	1 000.00	2
401	鲁亭娅	采购部	1 000.00	2
402	商佳静	采购部	1 200.00	0
501	周鹏华	销售部	800.00	1
502	罗敬一	销售部	500.00	0
503	何松宇	销售部	1 200.00	0
601	李佳静	仓储部	1 000.00	0
602	王铭慧	仓储部	800.00	3

主管：李东　　审核：李东　　制表：程皓

90–2/3

润泽机械有限公司职工个税专项附加扣除和出勤统计表　　2023 年 03 月

编号	姓名	所属部门	个税专项附加扣除	请假天数
101	侯恩熙	行政部	1 000.00	0
102	张晓雯	行政部	1 800.00	3
103	于丽杰	行政部	1 500.00	0
201	李　东	财务部	1 000.00	0
202	程　皓	财务部	2 000.00	0
203	李凌云	财务部	1 400.00	2
301	陈思源	调心球轴承 H304	500.00	0
302	刘梦然	调心球轴承 H304	1 000.00	0
303	许洪翔	调心球轴承 H304	1 000.00	0
304	赵怡铭	调心球轴承 H305	1 500.00	0
305	刘利伟	调心球轴承 H305	2 500.00	0
306	张　委	调心球轴承 H305	1 500.00	0
307	姚健豪	调心球轴承 H305	1 000.00	2
401	鲁亭娅	采购部	1 500.00	2
402	商佳静	采购部	1 000.00	0
501	周鹏华	销售部	1 000.00	1
502	罗敬一	销售部	1 400.00	0
503	何松宇	销售部	2 000.00	0
601	李佳静	仓储部	1 000.00	0
602	王铭慧	仓储部	1 000.00	3

主管：李东　　审核：李东　　制表：程皓

90–3/3

润泽机械有限公司 2023 年 03 月工资计算表

单位：元

部门	姓名	基本工资	津贴	奖金	请假天数	请假扣款	应付工资	医疗保险	养老保险	失业保险	住房公积金	税前工资	个税专项附加扣除	计税基数	代扣税	实发合计
行政部	侯恩熙	5 500.00	2 000.00	1 500.00	0	0	9 000.00	180.00	720.00	18.00	1 080.00	7 002.00	1 000.00	6 002.00	30.06	6 971.94
	张晓雯	5 500.00	2 000.00	1 500.00	3	60.00	8 940.00	178.80	715.20	17.88	1 072.80	6 955.32	1 800.00	5 155.32	4.66	6 950.66
	于丽杰	5 500.00	2 000.00	1 500.00	0	0	9 000.00	180.00	720.00	18.00	1 080.00	7 002.00	1 500.00	5 502.00	15.06	6 986.94
	合　计	16 500.00	6 000.00	4 500.00	3	60.00	26 940.00	538.80	2 155.20	53.88	3 232.80	20 959.32	4 300.00	16 659.32	49.78	20 909.54
财务部	李　东	5 000.00	1 500.00	900.00	0	0	7 400.00	148.00	592.00	14.80	888.00	5 757.20	1 000.00	4 757.20		5 757.20
	程　皓	5 000.00	1 500.00	900.00	0	0	7 400.00	148.00	592.00	14.80	888.00	5 757.20	2 000.00	3 757.20		5 757.20
	李凌云	5 000.00	1 500.00	900.00	2	40.00	7 360.00	147.20	588.80	14.72	883.20	5 726.08	1 400.00	4 326.08		5 726.08
	合　计	15 000.00	4 500.00	2 700.00	2	40.00	22 160.00	443.20	1 772.80	44.32	2 659.20	17 240.48	4 400.00	12 840.48		17 240.48
调心球轴承H304	陈思源	4 500.00	1 000.00	2 000.00	0	0	7 500.00	150.00	600.00	15.00	900.00	5 835.00	500.00	5 335.00	10.05	5 824.95
	刘梦然	4 500.00	1 000.00	1 200.00	0	0	6 700.00	134.00	536.00	13.40	804.00	5 212.60	1 000.00	4 212.60		5 212.60
	许洪翔	4 500.00	1 000.00	1 200.00	0	0	6 700.00	134.00	536.00	13.40	804.00	5 212.60	1 000.00	4 212.60		5 212.60
	合　计	13 500.00	3 000.00	4 400.00	0	0	20 900.00	418.00	1 672.00	41.80	2 508.00	16 260.20	2 500.00	13 760.20	10.05	16 250.15

续表

部门	姓名	基本工资	津贴	奖金	请假天数	请假扣款	应付工资	医疗保险	养老保险	失业保险	住房公积金	税前工资	个税专项附加扣除	计税基数	代扣税	实发合计
调心球轴承H305	赵怡铭	4 500.00	1 000.00	1 400.00	0	0	6 900.00	138.00	552.00	13.80	828.00	5 368.20	1 500.00	3 868.20		5 368.20
	刘利伟	4 500.00	1 000.00	1 000.00	0	0	6 500.00	130.00	520.00	13.00	780.00	5 057.00	2 500.00	2 557.00		5 057.00
	张　委	4 500.00	1 000.00	800.00	0	0	6 300.00	126.00	504.00	12.60	756.00	4 901.40	1 500.00	3 401.40		4 901.40
	姚健豪	4 500.00	1 000.00	1 000.00	2	40.00	6 460.00	129.20	516.80	12.92	775.20	5 025.88	1 000.00	4 025.88		5 025.88
	合　计	18 000.00	4 000.00	4 200.00	2	40.00	26 160.00	523.20	2 092.80	52.32	3 139.20	20 352.48	6 500.00	13 852.48		20 352.48
采购部	鲁亭娅	4 500.00	1 000.00	1 000.00	2	40.00	6 460.00	129.20	516.80	12.92	775.20	5 025.88	1 000.00	4 025.88		5 025.88
	商佳静	4 500.00	1 000.00	1 200.00	0	0	6 700.00	134.00	536.00	13.40	804.00	5 212.60	1 200.00	4 012.60		5 212.60
	合　计	9 000.00	2 000.00	2 200.00	2	40.00	13 160.00	263.20	1 052.80	26.32	1 579.20	10 238.48	2 200.00	8 038.48		10 238.48
销售部	周鹏华	4 500.00	1 000.00	800.00	1	20.00	6 280.00	125.60	502.40	12.56	753.60	4 885.84	1 000.00	3 885.84		4 885.84
	罗敬一	4 500.00	1 000.00	500.00	0	0	6 000.00	120.00	480.00	12.00	720.00	4 668.00	1 400.00	3 268.00		4 668.00
	何松宇	4 500.00	1 000.00	1 200.00	0	0	6 700.00	134.00	536.00	13.40	804.00	5 212.60	2 000.00	3 212.60		5 212.60
	合　计	13 500.00	3 000.00	2 500.00	1	20.00	18 980.00	379.60	1 518.40	37.96	2 277.60	14 766.44	4 400.00	10 366.44		14 766.44
仓储部	李佳静	4 500.00	1 000.00	1 000.00	0	0	6 500.00	130.00	520.00	13.00	780.00	5 057.00	1 000.00	4 057.00		5 057.00
	王铭慧	4 500.00	1 000.00	800.00	3	60.00	6 240.00	124.80	499.20	12.48	748.80	4 854.72	1 000.00	3 854.72		4 854.72
	合　计	9 000.00	2 000.00	1 800.00	3	60.00	12 740.00	254.80	1 019.20	25.48	1 528.80	9 911.72	2 000.00	7 911.72		9 911.72
合　计		94 500.00	24 500.00	22 300.00	13	260.00	141 040.00	2 820.80	11 283.20	282.08	16 924.80	109 729.12	26 300.00	83 429.12	59.83	109 669.29

【业务 91】代扣款

91–1/1

润泽机械有限公司 2023 年 3 月社保公积金计算表

单位：元

部门	姓名	应付工资	医疗保险	养老保险	失业保险	住房公积金	扣款合计	税前工资	个税专项附加扣除	计税基数	代扣税	实发合计
行政部	侯恩熙	9 000.00	180.00	720.00	18.00	1 080.00	1 998.00	7 002.00	1 000.00	6 002.00	30.06	6 971.94
	张晓雯	8 940.00	178.80	715.20	17.88	1 072.80	1 984.68	6 955.32	1 800.00	5 155.32	4.66	6 950.66
	于丽杰	9 000.00	180.00	720.00	18.00	1 080.00	1 998.00	7 002.00	1 500.00	5 502.00	15.06	6 986.94
	合　计	26 940.00	538.80	2 155.20	53.88	3 232.80	5 980.68	20 959.32	4 300.00	16 659.32	49.78	20 909.54
财务部	李　东	7 400.00	148.00	592.00	14.80	888.00	1 642.80	5 757.20	1 000.00	4 757.20		5 757.20
	程　皓	7 400.00	148.00	592.00	14.80	888.00	1 642.80	5 757.20	2 000.00	3 757.20		5 757.20
	李凌云	7 360.00	147.20	588.80	14.72	883.20	1 633.92	5 726.08	1 400.00	4 326.08		5 726.08
	合　计	22 160.00	443.20	1 772.80	44.32	2 659.20	4 919.52	17 240.48	4 400.00	12 840.48		17 240.48
调心球轴承 H304	陈思源	7 500.00	150.00	600.00	15.00	900.00	1 665.00	5 835.00	500.00	5 335.00	10.05	5 824.95
	刘梦然	6 700.00	134.00	536.00	13.40	804.00	1 487.40	5 212.60	1 000.00	4 212.60		5 212.60
	许洪翔	6 700.00	134.00	536.00	13.40	804.00	1 487.40	5 212.60	1 000.00	4 212.60		5 212.60
	合　计	20 900.00	418.00	1 672.00	41.80	2 508.00	4 639.80	16 260.20	2 500.00	13 760.20	10.05	16 250.15
调心球轴承 H305	赵怡铭	6 900.00	138.00	552.00	13.80	828.00	1 531.80	5 368.20	1 500.00	3 868.20		5 368.20
	刘利伟	6 500.00	130.00	520.00	13.00	780.00	1 443.00	5 057.00	2 500.00	2 557.00		5 057.00
	张　委	6 300.00	126.00	504.00	12.60	756.00	1 398.60	4 901.40	1 500.00	3 401.40		4 901.40
	姚健豪	6 460.00	129.20	516.80	12.92	775.20	1 434.12	5 025.88	1 000.00	4 025.88		5 025.88
	合　计	26 160.00	523.20	2 092.80	52.32	3 139.20	5 807.52	20 352.48	6 500.00	13 852.48		20 352.48

续表

部门	姓名	应付工资	医疗保险	养老保险	失业保险	住房公积金	扣款合计	税前工资	个税专项附加扣除	计税基数	代扣税	实发合计
采购部	鲁亭娅	6 460.00	129.20	516.80	12.92	775.20	1 434.12	5 025.88	1 000.00	4 025.88		5 025.88
	商佳静	6 700.00	134.00	536.00	13.40	804.00	1 487.40	5 212.60	1 200.00	4 012.60		5 212.60
	合　计	13 160.00	263.20	1 052.80	26.32	1 579.20	2 921.52	10 238.48	2 200.00	8 038.48		10 238.48
销售部	周鹏华	6 280.00	125.60	502.40	12.56	753.60	1 394.16	4 885.84	1 000.00	3 885.84		4 885.84
	罗敬一	6 000.00	120.00	480.00	12.00	720.00	1 332.00	4 668.00	1 400.00	3 268.00		4 668.00
	何松宇	6 700.00	134.00	536.00	13.40	804.00	1 487.40	5 212.60	2 000.00	3 212.60		5 212.60
	合　计	18 980.00	379.60	1 518.40	37.96	2 277.60	4 213.56	14 766.44	4 400.00	10 366.44		14 766.44
仓储部	李佳静	6 500.00	130.00	520.00	13.00	780.00	1 443.00	5 057.00	1 000.00	4 057.00		5 057.00
	王铭慧	6 240.00	124.80	499.20	12.48	748.80	1 385.28	4 854.72	1 000.00	3 854.72		4 854.72
	合　计	12 740.00	254.80	1 019.20	25.48	1 528.80	2 828.28	9 911.72	2 000.00	7 911.72		9 911.72
合　计		141 040.00	2 820.80	11 283.20	282.08	16 924.80	31 310.88	83 429.12	109 729.12	83 429.12	59.83	109 669.29

【业务 92】计提企业负担的社保和公积金

92–1/1

润泽机械有限公司 2023 年 3 月社保公积金计算表（企业负担部分）

单位：元

部门	姓名	应付工资	医疗保险	养老保险	失业保险	工伤保险	社会保险费合计	住房公积金	社保及公积金合计
行政部	侯恩熙	9 000.00	540.00	1 440.00	72.00	180.00	2 232.00	1 080.00	3 312.00
	张晓雯	8 940.00	536.40	1 430.40	71.52	178.80	2 217.12	1 072.80	3 289.92
	于丽杰	9 000.00	540.00	1 440.00	72.00	180.00	2 232.00	1 080.00	3 312.00
	合　计	26 940.00	1 616.40	4 310.40	215.52	538.80	6 681.12	3 232.80	9 913.92
财务部	李　东	7 400.00	444.00	1 184.00	59.20	148.00	1 835.20	888.00	2 723.20
	程　皓	7 400.00	444.00	1 184.00	59.20	148.00	1 835.20	888.00	2 723.20
	李凌云	7 360.00	441.60	1 177.60	58.88	147.20	1 825.28	883.20	2 708.48
	合　计	22 160.00	1 329.60	3 545.60	177.28	443.20	5 495.68	2 659.20	8 154.88
调心球轴承 H304	陈思源	7 500.00	450.00	1 200.00	60.00	150.00	1 860.00	900.00	2 760.00
	刘梦然	6 700.00	402.00	1 072.00	53.60	134.00	1 661.60	804.00	2 465.60
	许洪翔	6 700.00	402.00	1 072.00	53.60	134.00	1 661.60	804.00	2 465.60
	合　计	20 900.00	1 254.00	3 344.00	167.20	418.00	5 183.20	2 508.00	7 691.20
调心球轴承 H305	赵怡铭	6 900.00	414.00	1 104.00	55.20	138.00	1 711.20	828.00	2 539.20
	刘利伟	6 500.00	390.00	1 040.00	52.00	130.00	1 612.00	780.00	2 392.00
	张　委	6 300.00	378.00	1 008.00	50.40	126.00	1 562.40	756.00	2 318.40
	姚健豪	6 460.00	387.60	1 033.60	51.68	129.20	1 602.08	775.20	2 377.28
	合　计	26 160.00	1 569.60	4 185.60	209.28	523.20	6 487.68	3 139.20	9 626.88

续表

部门	姓名	应付工资	医疗保险	养老保险	失业保险	工伤保险	社会保险费合计	住房公积金	社保及公积金合计
采购部	鲁亭娅	6 460.00	387.60	1 033.60	51.68	129.20	1 602.08	775.20	2 377.28
	商佳静	6 700.00	402.00	1 072.00	53.60	134.00	1 661.60	804.00	2 465.60
	合　计	13 160.00	789.60	2 105.60	105.28	263.20	3 263.68	1 579.20	4 842.88
销售部	周鹏华	6 280.00	376.80	1 004.80	50.24	125.60	1 557.44	753.60	2 311.04
	罗敬一	6 000.00	360.00	960.00	48.00	120.00	1 488.00	720.00	2 208.00
	何松宇	6 700.00	402.00	1 072.00	53.60	134.00	1 661.60	804.00	2 465.60
	合　计	18 980.00	1 138.80	3 036.80	151.84	379.60	4 707.04	2 277.60	6 984.64
仓储部	李佳静	6 500.00	390.00	1 040.00	52.00	130.00	1 612.00	780.00	2 392.00
	王铭慧	6 240.00	374.40	998.40	49.92	124.80	1 547.52	748.80	2 296.32
	合　计	12 740.00	764.40	2 038.40	101.92	254.80	3 159.52	1 528.80	4 688.32
合　计		141 040.00	8 462.40	22 566.40	1 128.32	2 820.80	34 977.92	16 924.80	51 902.72

【业务 93】计提工会经费和职工教育经费

93–1/1

润泽机械有限公司工会经费、职工教育经费计算表　　2023 年 03 月

部门	姓名	应付工资	工会经费	职工教育经费	合计
行政部	侯恩熙	9 000.00	180.00	720.00	900.00
	张晓雯	8 940.00	178.80	715.20	894.00
	于丽杰	9 000.00	180.00	720.00	900.00
	合　计	26 940.00	538.80	2 155.20	2 694.00
财务部	李　东	7 400.00	148.00	592.00	740.00
	程　皓	7 400.00	148.00	592.00	740.00
	李凌云	7 360.00	147.20	588.80	736.00
	合　计	22 160.00	443.20	1 772.80	2 216.00
调心球轴承 H304	陈思源	7 500.00	150.00	600.00	750.00
	刘梦然	6 700.00	134.00	536.00	670.00
	许洪翔	6 700.00	134.00	536.00	670.00
	合　计	20 900.00	418.00	1 672.00	2 090.00
调心球轴承 H305	赵怡铭	6 900.00	138.00	552.00	690.00
	刘利伟	6 500.00	130.00	520.00	650.00
	张　委	6 300.00	126.00	504.00	630.00
	姚健豪	6 460.00	129.20	516.80	646.00
	合　计	26 160.00	523.20	2 092.80	2 616.00
采购部	鲁亭娅	6 460.00	129.20	516.80	646.00
	商佳静	6 700.00	134.00	536.00	670.00
	合　计	13 160.00	263.20	1052.80	1 316.00
销售部	周鹏华	6 280.00	125.60	502.40	628.00
	罗敬一	6 000.00	120.00	480.00	600.00
	何松宇	6 700.00	134.00	536.00	670.00
	合　计	18 980.00	379.60	1 518.40	1 898.00
仓储部	李佳静	6 500.00	130.00	520.00	650.00
	王铭慧	6 240.00	124.80	499.20	624.00
	合　计	12 740.00	254.80	1 019.20	1 274.00
合　计		141 040.00	2 820.80	11 283.20	14 104.00

【业务 94】完成出纳签字

【业务 95】分配制造费用

95–1/1

制造费用分配表 2023 年 03 月

分配对象	分配标准（生产工人工资）	分配率	分配金额
调心球轴承 H304			
调心球轴承 H305			
合　计			

制表：程皓　　审核：李东

【业务 96】产品全部完工验收入库

96–1/2

产品成本计算单 2023 年 03 月 31 日

计量单位：元

成本项目	调心球轴承 H304（完工入库 2350 箱）		调心球轴承 H305（完工入库 1950 箱）	
	总成本	单位成本	总成本	单位成本
直接材料				
直接人工				
制造费用				
合　计				

制表：程皓　　审核：李东

96–2/2

产成品入库单 2023 年 03 月 31 日

送存部门：生产车间　　仓库：产成品库

产品名称	计量单位	入库数量	金额
调心球轴承 H304	箱	2350	
调心球轴承 H305	箱	1950	

库管员：李佳静　　车间报送员：陈思源

【业务 97】结转已销产品成本

97–1/5

已销产品成本计算表　　　　2023 年 03 月 31 日

产品名称	单位	本月销售		
		数量	单位成本	金额
调心球轴承 H304	箱			
调心球轴承 H305	箱			
合　计	—		—	

编制：程皓　　　　审核：李东

产成本出库单　　　　2023 年 03 月 08 日

送存部门：销售部　　　　仓库：产成品库　　　　单号：1

产品名称	计量单位	出库数量	单价	金额
调心球轴承 H304	箱			
调心球轴承 H305	箱	40		

销售部门：周鹏华　　　　库管员：李佳静　　　　审核员：李东

产成本出库单　　　　2023 年 03 月 13 日

送存部门：销售部　　　　仓库：产成品库　　　　单号：2

产品名称	计量单位	出库数量	单价	金额
调心球轴承 H304	箱	200		
调心球轴承 H305	箱			

销售部门：周鹏华　　　　库管员：李佳静　　　　审核员：李东

产成本出库单　　　　2023 年 03 月 16 日

送存部门：销售部　　　　仓库：产成品库　　　　单号：3

产品名称	计量单位	出库数量	单价	金额
调心球轴承 H304	箱	45		
调心球轴承 H305	箱	100		

销售部门：周鹏华　　　　库管员：李佳静　　　　审核员：李东

产成本出库单　　　　2023 年 03 月 18 日

送存部门：销售部　　　　仓库：产成品库　　　　单号：4

产品名称	计量单位	出库数量	单价	金额
调心球轴承 H304	箱	300		
调心球轴承 H305	箱			

销售部门：周鹏华　　　　库管员：李佳静　　　　审核员：李东

产成本出库单 2023 年 03 月 22 日

送存部门：销售部 仓库：产成品库 单号：5

产品名称	计量单位	出库数量	单价	金额
调心球轴承 H304	箱			
调心球轴承 H305	箱	1 200		

销售部门：周鹏华 库管员：李佳静 审核员：李东

产成本出库单 2023 年 03 月 28 日

送存部门：销售部 仓库：产成品库 单号：6

产品名称	计量单位	出库数量	单价	金额
调心球轴承 H304	箱	500		
调心球轴承 H305	箱			

销售部门：周鹏华 库管员：李佳静 审核员：李东

【业务 98】结转本月未交增值税

增值税计算表 2023 年 03 月 31 日

单位：元

项目	行次	金额
本月销项税额	1	
本月进项税额	2	
本月进项税额转出	3	
上期留抵税额	4	
本月应交未交增值税额	5	

编制：程皓 审核：李东

【业务 99】结转本月应交城市维护建设税和教育费附加

应交城建税及教育费附加计算表 2023 年 03 月 31 日

单位：元

税种	计税依据			税率	应纳税金额
	增值税	消费税	合计		
城建税	120 833.90			7%	8 458.37
教育费附加	120 833.90			3%	3 625.02
合　计					12 083.39

编制：程皓 审核：李东

【业务 100】审核、记账

【业务 101】结转期间损益

损益类账户发生额结转明细表　　　　2023 年 03 月 31 日

账户名称	借方累计发生额	贷方累计发生额
主营业务收入—调心球轴承 H304		
主营业务收入—调心球轴承 H305		
其他业务收入		
营业外收入		
主营业务成本—调心球轴承 H304		
主营业务成本—调心球轴承 H305		
其他业务成本		
税金及附加		
销售费用		
管理费用		
财务费用		
营业外支出		

编制：程皓　　　　审核：李东

【业务 102】计算并结转本月应交的企业所得税

企业所得税计算表

2023 年 03 月 1 日至 2023 年 03 月 31 日

项目	应纳税所得额	税率	应交所得税
金　额			

编制：程皓　　　　审核：李东

备注：假设会计计税基础与税法计税基础相同。

【业务 103】

完成所有凭证的审核记账

【业务 104】

工资模块对账结账

【业务 105】

固定资产模块对账结账

【业务 106】

调用报表模板，生成 2023 年 3 月的利润表和 3 月末资产负债表

【业务 107】

打印装订凭证、账簿、报表